AF384067

LES
REVENANS.

Impr. de SÉTIER,
Cour des Fontaines, n. 7,
à Paris.

LES REVENANS,

PAR

M. FOURNIER-VERNEUIL.

Metiri se quemque suo modulo ac pede verum est.

HORACE.

PARIS,

CHEZ TOUS LES PRINCIPAUX LIBRAIRES.

1826.

PREFACE.

J'ai dit assez positivement, dans mon Tableau de Paris, que nous étions des bouches inutiles, de vrais amans de Pénélope, des courtisans d'Alcinoüs, uniquement occupés de leurs corps, qui trouvaient beau de dormir jusqu'au milieu du jour, et de prolonger leur sommeil au son des accords de Rossini. Cependant *Guillaume*, ce fléau de Seine-et-Oise, se levait la nuit pour assassiner les gens, et le Parisien ne daigne pas s'éveiller pour se conserver lui-même! Use du préservatif si tu ne veux pas user du remède. Si tu ne demandes pas, avant l'aurore, de la lumière et un livre; si tu ne te livres pas à l'étude de la vertu, l'envie, la débauche, la cupidité viendront te tourmenter quand tu seras éveillé.

Les trois chapitres qui composent cette brochure, ne sont pas neufs, je les ai déjà publiés; mais comme l'édition est épuisée, je les réimprime. Ils contiennent, sans scandale, le germe de toutes mes opinions morales et politiques et le germe d'une idée qui domine dans tous mes ouvrages.

J'ai vécu pendant douze ou quinze ans, isolé, au milieu d'une compagnie composée en majorité de bons cafards qui, ne me comprenant pas, ou feignant de ne pas me comprendre, trouvaient tout simple de me défigurer; de là, soit par jalousie, soit par bêtise, est sortie une réputation exécrable composée de mille couleurs sans doute, dont aucune ne porte un caractère positif, maïs qui, par leur incertitude et leur ton *fauve*, n'en sont que plus désagréables.

Puisque ces Messieurs ne m'ont pas compris, me suis-je dit, et qu'ils s'amusent à me déchirer en secret, traînons-les sur la place publique. L'opinion générale est rarement injuste. J'ai eu raison, depuis six mois les rieurs ne sont pas pour eux. Encore un peu de patience, et ces Messieurs à petites et perfides confidences ne riront pas les derniers.

Dans ma position j'ai dû parler de moi pour mieux m'en distraire; j'ai fait mes honneurs, en bien comme en mal, avec une égale liberté: celui qui n'ose, en public, se rendre un bon témoignage à lui-même, est presque toujours un lâche qui sait et craint le mal qu'on pourrait dire de sa personne; et celui qui hésite à avouer ses torts n'a pas la force de les soutenir, ni le moyen de les racheter. Avec cette franchise pour mon propre compte, je ne dois pas me gêner sur celui d'autrui ; père, mère, femme, enfans, amis, ennemis, je les peindrai tels qu'ils sont ou que je les ai vus.

Des circonstances indépendantes de ma volonté, l'oisiveté surtout, ont développé quelques qualités de mon caractère : je suis franc avant tout, et je regarde peu aux petites égratignures qui peuvent se faire en passant. Je m'abandonne volontiers au plaisir de piquer par une critique sans méchanceté (1). J'aimerais à faire justice à force de vérités ; je me sens même capable d'énoncer les plus terribles en face des in-

(1) Enfin c'est mon plaisir : je veux me satisfaire ;
Je ne puis bien parler, et ne saurais me taire ;
Et dès qu'un mot plaisant vient luire à mon esprit,
Je n'ai point de repos qu'il ne soit en écrit.

BOIL., Sat. VII.

téressés, sans m'étonner, m'émouvoir ni me fâcher, quel qu'en fût l'effet sur eux.

Chacun de nous, pauvres humains, ne peut se mouvoir que dans la sphère où le Ciel l'a placé ; la mienne était étroite, il était difficile que j'y remuasse sans blesser involontairement quelque sot ; et les sots, comme les lâches, ne pardonnent jamais.

C'est au milieu d'eux que j'ai commencé à soupçonner qu'il y avait une raison du monde et une raison de cabinet ; une morale de principes et une morale de convention pratique, de la contradiction desquelles résultaient tant de bizarreries que j'entrevoyais : enfin, que la société appelait fou celui qui n'était pas fou de la folie commune.

Les matériaux de la réflexion, en s'amassant insensiblement dans ma tête rêveuse, y ont produit de singuliers résultats..... Je me suis trouvé si bête avec tant de gens, que m'apercevant de mes ressources avec les personnes spirituelles, j'ai cru long-temps que c'était à leur habileté que j'en étais redevable.

Au milieu des affaires, je ne voyais pas ce qu'un caractère franc et généreux pouvait avoir de nuisible. Je raisonnais en philosophe qui calcule, et en solitaire qui ne connaît ni les hommes ni les passions. Je prenais les inspirations de mon âme pour la mesure commune de la moralité de mon espèce. J'ai commis cette faute pendant long-temps, il m'a fallu de grands événemens pour me désabuser : je n'ai pas voulu terminer cet écrit sans le dire à mes lecteurs ; c'est encore, dans un autre genre, donner à l'avance la clef de mon portefeuille.

J'ai passé vingt ans au milieu du tourbillon des affaires et des hommes ; j'ai vu et observé mon époque. Il m'a fallu le train de la révolution que j'ai vue commencer, le mouvement des affaires, la variété de mes situations, la fréquence des comparaisons dans une grande foule et parmi les gens estimés par leur mérite, pour me faire apercevoir que le gradin où mon caractère m'avait placé n'était pas fort surchargé de monde. Ce n'est pas l'esprit qui manque à Paris, il court les rues; c'est la justesse du jugement et la force du caractère. Diogène avait raison de prendre une lanterne ; mais une révolution, un empire et une restauration peuvent en tenir lieu; je ne connais pas de toise plus exacte.

« Et, disait le Savoyard, que si ce sot » de roi de France eût sçeu bien conduire » sa fortune, il estait homme pour devenir » maistre-d'hostel de son duc. Son imagi-

» nation ne concevait austre plus eslevée
» grandeur que celle de son maistre. Nous
» sommes insensiblement tous en cette er-
» reur: erreur de grande suite et préjudice.

» Ce grand monde, que les uns multi-
» plient encore comme espèces soubs un
» genre, c'est le mirouër, où il nous faut
» regarder pour nous cognoistre de bon
» biais. Somme, je veux que ce soit le livre
» de mon escolier. Tant d'humeurs, de sec-
» tes, de jugements d'opinions, de loix et
» de coutumes, nous appresnent à juger
» sainement des nostres, et appresnent no-
» tre jugement à recognoistre son imperfec-
» tion et sa naturélle foiblesse, qui n'est pas
» un légier apprentissage. Tant de remue-
» ment d'Estats et changement de fortune
» publique, nous instruisent à ne pas faire
» grand miracle de la nostre. Tant de noms,
» tant *de victoires et conquettes*, enseve-

» lies sous l'oubliance, rendent ridicule l'es-
» pérance d'éterniser notre nom par la prise
» de dix argoulets et d'un pouillier qui n'est
» cogneu que de sa cheute. L'orgueil et la
» fierté de tant de pompes estrangères, la
» majesté si enflée de tant de Cours et de
» grandeurs, nous fermit et asseure la veüe,
» à soutenir l'esclat des notres sans siller les
» yeux. Tant de milliasses d'hommes enter-
» rez avant nous, nous encouragent à ne
» craindre d'aller trouver si bonne compa-
» gnie en l'autre monde : ainsi du reste. »

Montaigne, liv. 1, ch. 25.

Oh! vigoureux grand-maître, que diriez-
vous si vous pouviez lire la prose inodore
de nos académiciens! vous répéteriez sans
doute, comme moi, le mot de Henri IV,
Ça ne sent que l'eau.

Un éloge ennuyeux, un froid panégirique,
Peut pourrir à son aise au fond d'une boutique,
Ne craint point du public les jugemens divers,
Et n'a pour ennemis que la poudre et les vers.
Mais un auteur malin, qui rit et qui fait rire,
Qu'on blâme en le lisant, et pourtant qu'on veut lire,
Dans ses plaisans accès qui se croit tout permis,
De ses propres rieurs se fait des ennemis.
Un discours trop sincère aisément nous outrage,
Chacun dans ce miroir pense voir son visage;
Et tel en vous lisant admire chaque trait,
Qui dans le fond de l'âme et vous craint et vous hait.

BOIL., Sat. VII.

L'appétit vient en mangeant, a dit un vieux proverbe; la manie d'écrire, bien ou mal, ne s'est emparée de moi que lorsque ma raison et mes yeux ont été fatigués de la lecture des ouvrages que notre époque a vus éclore. Otez quelques mémoires historiques de cette foule de productions qu'on appelle littéraires, et vous obtiendrez le froid que pourrait produire la réunion de toutes les glaces du Nord.

Aussi combien de livres, pour qui l'acte de naissance et l'acte de décès ne sont qu'une seule et *même* chose, malgré l'approbation éclatante de leur auteur et de certaines cotteries (1)!

Un ouvrage a beau être approuvé, prôné par les journaux; s'il n'est plein d'un certain agrément, et d'un certain sel propre à piquer le goût général des lecteurs, il ne

---

(1) La même justesse d'esprit qui nous fait écrire de bonnes choses, nous fait appréhender qu'elles ne le soient pas assez pour mériter d'être lues. Un esprit médiocre croit écrire divinement : un bon esprit croit écrire raisonnablement.

LA BRUY. Ch. *des Ouvrages de l'esprit.*

Balzac, lett. 12, liv. 23, avait dit : Bienheureux sont ces écrivains qui se contentent si facilement; qui ne travaillent que de la mémoire et des doigts; qui, sans choisir, écrivent tout ce qu'ils savent.

passera jamais pour un bon ouvrage. Que si on me demande ce que c'est que cet agrément et ce sel, je répondrai que c'est un je ne sais quoi qu'on peut beaucoup mieux sentir que dire.

Une pensée n'est belle que lorsqu'elle est vraie, et l'effet infaillible du vrai, quand il est bien énoncé, c'est de frapper les hommes. Je sais bien que la cabale, l'intrigue et l'envie, arrêtent pour un moment la vérité; mais elle est comme ces morceaux de bois qu'on enfonce dans l'eau avec la main: ils demeurent au fond tant que la main les y retient; mais bientôt la main venant à se lasser, ils surnagent.

LES REVENANS.

PREMIÈRE LETTRE.

Mont-Rouge, le 1er octobre 1824.

M. DE VILLÈLE ET M. LAFITTE.

Parvum parva decent.
HORACE.

Le siècle qui vit pleurer Condé aux vers du grand Corneille, où l'auteur des Maximes ne quittait les entretiens d'Arnaud et de Pascal, que pour aller entendre, dans leur nouveauté, les scènes de Cinna et de

Rodogune, et pendant le cours duquel
Colbert, Louvois, et cent autres hommes
supérieurs, prêtèrent leur dévouement et
leur génie au plus grand des monarques,
se vit flétrir par une espèce de madame
Evrard (1), bigote fausse et hypocrite, et par
deux jésuites qui ensanglantèrent la France,
n'abandonnèrent son roi qu'après l'avoir
emmaillotté, couvert son corps de scapulai-
res et de reliques, et tourmenté son âme
jusqu'à la dernière minute de sa vie : comme
si un moine fanatique pouvait avoir quelque chose de commun avec la Divinité. Les grands rois, qui au fond ne sont
que des hommes, ont quelquefois d'étranges faiblesses. S'ils en souffraient seuls,

---

(1) Personnage de la comédie du *Vieux Céliba-*
taire.

nous devrions nous taire et respecter même leur infirmité ; mais les peuples en souffrent, ils s'irritent et jettent sur leurs monarques la haine qu'ont méritée leurs perfides conseillers. Tel est le peuple de France : sensible jusqu'à l'enthousiasme, et capable de tous les excès, dans ses affections comme dans ses murmures (1).

---

(1) Le père de nos libertés, l'immortel auteur de la Charte, vient de terminer sa trop courte carrière ; fils du siècle de la philosophie, sa raison supérieure ne l'a abandonné que sur le seuil de sa tombe royale. Il est mort en philosophe chrétien, recevant les secours de notre religion, sans se livrer à la domination hypocrite d'un *Lachaise* ou d'un *Letellier*.

J'étais le quinze septembre, à neuf heures du soir, à l'imprimerie de la....., M....., connu par sa

Loin d'avoir ce superflu de grands hommes qui entourait *Louis XIV*, nous n'a-
vons pas même le nécessaire. On sème des
jésuites, les récoltes sont abondantes; trois
graines jetées sur le sol de *Mont-Rouge*, il y
a huit ans, ont produit deux cents jésuites
cette année. Cela prouve du moins qu'il
est plus facile de trouver des moines que
des raisons.

Dans la félicité même, il y a des impa-
tiences; c'est que notre esprit est une suite
d'idées, et notre cœur est une suite de dé-

____

place et par ses opinions, entra en disant : « Je
sors du château, il vit encore ; c'est une tête de
fer; il meurt comme il a vécu,.... en philosophe....
Pour lui un confesseur n'a pas plus d'importance
qu'un gentilhomme de service. » Je ne crois pas
avoir besoin d'ajouter qu'il y avait un peu d'hu-
meur dans la boutade de M.....

sirs; d'ailleurs la vengeance et les préjugés ne mènent-ils pas les ministres comme
les particuliers? et ceux-ci n'auraient-ils
plus le droit de se plaindre lorsque les
mêmes fautes peuvent reproduire les mêmes excès?

On riait de bon cœur pendant les troubles de la fronde, de même qu'à la mort
du cardinal *Dubois*; on ne riait pas sous
la Ligue ni sous le règne de la Convention.
Je vois bâiller beaucoup de gens, mais je
je ne vois pas rire.

Nous perdons la liberté de la presse, la
plus importante de nos libertés, parce que
MM. Delalo et Labourdonnaie vont rédiger l'Aristarque. Il est vrai que quelque
libéral enrichi ira se perdre sur les bancs
de la pairie, et deviendra cagot s'il le faut.
Ce sera un précieux dédommagement!

Avouons-le : la politique en France est

décharnée par la disette d'hommes d'état;
plus nous allons et plus ce signe de stéri-
lité saute aux yeux les moins clairvoyans.

La lassitude des peuples a seule retardé
de dix ans la prédiction de Napoléon. Il
est vrai que cette lassitude politique a été
merveilleusement secondée par un des efforts de l'esprit humain : celui d'avoir
trouvé le secret de devoir plus qu'on ne
possède, et de subsister comme si on ne
devait rien. Que sont devenus les trésors
prodigués depuis dix ans? ils sont ensuve-
lis dans les coffres de deux ou trois mille
particuliers qui ont profité du malheur
public, et qui jouissent en paix de leurs
fortunes immenses, dans le temps que le
reste des hommes est obligé de gémir sous
de nouveaux impôts, pour payer une
partie des dettes nationales.

La dette publique est triplée depuis la

restauration ; la véritable politique qui a pour objet l'*indépendance* et la *conservation* , n'a pas fait un pas qu'elle puisse avouer. Les fauteurs de la guerre d'Espagne sont divisés sur l'application des résultats. Ces petits grands hommes ont eu besoin d'aller aux colonnes d'Hercule, pour mesurer le géant américain, et le *Romantique* qui naguère menaçait le monde du courroux d'Alexandre, transforme en petit ruisseau le vaste Océan. Cette pensée peut être juste pour l'Angleterre et le Nouveau-Monde (1), mais pour

____

(1) L'Amérique du nord, à l'aurore de sa liberté, produisit un de ces êtres qui apparaissent de loin en loin pour rappeler aux hommes leur dignité et leur noble origine. Ce fut ce mortel qui ravit la foudre aux cieux et qui affranchit sa patrie: *eripuit cœlo fulmen sceptrumque tyrannis.* Pour-

nous, et le ministère dont M. de Châteaubriand faisait partie, c'est la rivière des Gobelins qu'il fallait transformer en Atlantique. La sainte alliance expire; l'Angleterre se cantonne et proteste; l'Espagne, de l'aveu même de ses exécuteurs, est incorrigible; la Grèce combat et triomphe pour la plus belle des causes; le Portugal demande des protecteurs qui se battront

---

quoi l'Amérique du sud dont la population est cinq fois plus forte que n'était celle des Etats-Unis en 1778, n'aurait-elle pas un Franklin! Sa sœur aînée est là. Le champ de bataille ne sera ni dans les plaines de la Moravie, ni sur les glaces du Boristhène. Le vaste océan, le golfe du Mexique, verront les lances des cosaques. Ah! si Lemierre vivait, quel plaisir n'éprouverait-il pas en voyant son vers redevenir à la mode:

Le trident de Neptune est le sceptre du monde.

pour l'exercice du protectorat; l'archevêque de Toulouse veut transformer les
Français en *Théatins* (1) ou *Pic-puces*, et

---

(1) Moines pour moines, les théatins vaudraient
encore mieux que les jésuites. On a remarqué que,
malgré la faveur particulière du cardinal Mazarin,
ils n'avaient qu'un seul couvent dans tout le
royaume. Ce que l'on peut regarder comme un
phénomène monacal très-admirable; car il y a eu
parmi eux des hommes de beaucoup de mérite ,
mais qui sans doute n'avaient pas cru devoir ma-
nœuvrer, s'intriguer, tâcher de s'attirer des legs
et de dépouiller les légitimes héritiers.

Les notaires de Paris, les jésuites et quelques
fondations, exploitent aujourd'hui cette branche
d'industrie, qui vaut mieux que la partie honorable des contrats. Il y a tant de sots dans ce monde
*Stutorum infinitus est numerus.. Sachez, vous
ennuyer,* mon fils. *Passez la casse à ceux qui vous*

M. Franchet, directeur de la police se-
crète, est chargé de la censure des journaux (1).

---

passent le séné. Mots profonds qui servent de base
aux plus insolentes fortunes de Páris.

Le père du peuple, ce roi qui donna le bonheur
à des sujets qui ne s'en aperçurent qu'après sa
mort, *Louis XII* disait..... les chevaux courent
les bénéfices..... les ânes les attrapent.

La lecture de la vie de ce bon prince m'a mis à
même de constater une grande vérité : c'est que
le peuple murmure toujours contre le *gouvernement actuel*, et qu'il n'a jamais d'idée juste des
vertus et des vices, ni du sentiment de sa félicité
réelle.

(1) Le pouvoir peut tout oser en France. Indé-
pendamment du million d'exemples qui ce sont
passés sous nos yeux, je vais citer un seul trait.

Le cardinal de Lorraine présidait le conseil sous
la régence de *François II*. Il fut importuné du

Les temps sont bien changés. Autrefois, lorsque l'Europe chrétienne était barbare, un simple moine envoyait des milliers de chrétiens combattre les musulmans dans leur empire ; nos états s'épuisaient d'hommes et d'argent pour aller conquérir la misérable et stérile province de Judée ; et maintenant que la Grèce, ce boulevart de la chrétienté, se trouve menacée par les Turcs, les rois chrétiens laissent mas-

---

grand nombre d'officiers estropiés et de veuves d'officiers tués, qui sollicitaient à la Cour quelque modique pension pour vivre; il fit publier à son de trompe, *pour se délivrer*, disait-il, *de ces mendians*, que tous ceux qui étaient venus à Fontainebleau pour demander quelque chose, eussent à se retirer dans vingt-quatre heures, sous peine d'être pendus à un gibet qu'il fit dresser devant le château; et ce ministre mourut dans son lit !

sacrer ces héros avec la plus cruelle indifférence. Ce crime est trop grand pour
que justice ne soit pas faite tôt ou tard.
Il y a dans les révolutions de ce monde,
un enchaînement qui entraîne les hommes
qui semblent les dominer. Mais n'anti-
cipons pas.

Je ne crois pas aux revenans, et les
homélies de monseigneur de *Toulouse*
me donnent peu d'inquiétude; mais, de
bonne foi, le moment est-il opportun? et
lorsque la couronne est à peine rassurée
sur le calme apparent des divers partis
qui ont agité la France, convient-il au
haut Clergé de reproduire ses prétentions
surannées? Croit-il les peuples assez stu-
pides pour remonter volontairement aux
siècles des *Boniface*, des *Grégoire* et des
Alexandre VI? peut-il, devrait-il oublier
que les quatre cinquièmes des soldats que

nous avons vus, sur les bords de la Seine,
replanter l'étendart et le trône de Saint-
Louis, marchaient sous les drapeaux de
Luther, de *Calvin* et du *grand Schisme
d'Orient?* L'opinion religieuse ne causera
plus de guerres civiles en France; il est
affreux que l'Église chrétienne ait toujours
été déchirée par ses querelles, et que le
sang ait coulé pendant tant de siècles par
des mains qui portaient le dieu de la paix.
Cette fureur fut inconnue au paganisme.
Il couvrit la terre de ténèbres, mais il
ne l'arrosa que du sang des animaux. Le
fanatisme peut encore aiguiser quelques
poignards; il y a toujours dans la nation
un peuple qui n'a nul commerce avec les
honnêtes gens, qui n'est pas de ce siècle,
qui est inaccessible aux progrès de la raison, et sur qui l'atrocité du fanatisme conserve son empire, comme certaines ma-

ladies qui n'attaquent que la plus vile populace. Mais, depuis cent ans, la raison s'est introduite parmi nous. Elle a détruit ce germe pestilentiel qui avait si long-temps infecté la terre. On méprise les disputes théologiques ; on laisse reposer le dogme ; on n'écoute que la morale. Les statues brisées, le nombre des espèces et des sacremens, la grâce versatile, concommittante, efficace ou suffisante, la science moyenne et le congruisme, ne sont plus de mode. On sifflerait aujourd'hui les jongleurs qui ont fait verser tant de sang, pour soutenir des opinions ridicules ; mais si le *haut Clergé* n'est plus dangereux, comme puissance visible, il peut l'être comme faction *sourde*. Dans les graves circonstances où la France pourrait être engagée, le *haut Clergé* peut influencer les plus généreuses résolutions.

On se souvient que tout le génie d'une grande
nation avorta sous l'incapacité d'un *Soubise*, et la vénalité d'une *Pompadour*.
L'Espagne offre, en ce moment, un cruel et
triste exemple de cette vérité ; ce sont les
moines qui ne veulent ni armées ni marine. Il ne manque à cette malheureuse nation, que l'introduction des Eunuques (1).

---

(1) On rétablit les couvens de fille, et la Chambre des Pairs ne rejette la loi que parce qu'elle ne
la trouve pas assez ample ; c'est du moins ainsi
que la *Quotidienne* explique ce rejet. Beaucoup
de gens peuvent se rappeler une aventure fort
triste, qui fit l'entretien de Paris il y a quarante
ans, et qui tomba ensuite dans ce profond oubli
qui engloutit tout dans cette ville immense. C'était
celle d'une pauvre fille forcée par d'injustes parens à se faire religieuse contre son inclination,
et malgré ses représentations : elle se pendit de
désespoir dans le parloir du couvent de la Concep-

Les noms propres de *Soubise* et *Pompadour* se sont tronvés très à propos sous ma plume.... Ne ressemblons pas aux enfans des pestiférés, qui ne veulent pas qu'on écrive que leurs pères ont eu le Charbon.

On conte qu'un Empereur chinois réprimanda un jour, et menaça l'historien de l'empire : Quoi, dit-il, vous avez le front d'écrire, jour par jour, mes fautes ! Tel est mon devoir, répondit le Scribe du tribunal de l'histoire, et ce devoir m'or-

---

\ tion, rue Saint-Honoré, le jour même qu'elle devait prononcer ses vœux.

Au lieu de chercher avec un petit crochet des chiffonniers et des aveugles mendians, nos faiseurs de comédies ne devraient-ils pas réchauffer des sujets si graves, et faire servir le théâtre au grand et noble but de la réformation des mœurs?

donne d'écrire sur le champ les plaintes et les menaces que vous me faites. L'empereur rougit, se recueillit et dit : Hé bien, allez, écrivez tout, et je tâcherai de ne rien faire que la postérité puisse me reprocher. S'il est vrai qu'un prince qui commandait à cent millions d'hommes, ait ainsi respecté les droits de la vérité, que doivent faire nos petits grands hommes dans la crise où ils se trouvent? Qui peut exiger qu'on trahisse la vérité en sa faveur?

La dispute dont je vais parler, ne produira pas de grands mouvemens; mais elle caractérise plus qu'aucune de celles qui se sont passées sous nos yeux depuis dix ans, cet esprit actif, contentieux et quérelleur qui règne dans nos climats.

Quoiqu'en dise M. le vicomte de Châteaubriand, ou le journal des Débats, *bis in idem*, M. de Villèle a constam-

ment été, depuis 1815, le principal organe de l'opinion royaliste dans la Chambre des députés; et c'est cette opinion, soutenue par Mont-Rouge, et appuyée par...
.... qui fabriqua le premier ministère Villèle. Cette origine n'implique en rien contre M. de Villèle; le cardinal de Richelieu devait le pouvoir à la reine mère, ce qui ne l'empêcha pas de l'exiler lorsqu'il s'aperçut qu'elle trahissait son fils, son roi et la patrie.

M. de Villèle voulait la guerre d'Espagne, quoiqu'il fît crier le contraire par ses échos habituels; mais il voulait que la France la fît seule (1), tandis que d'autres nous montraient encore une fois

---

(1) *Ambiguus auxiliorum animus.* (Tac., Hist. 4.) Et ailleurs : *Militia sine effectu.*
Nihil rerum mortalia tam instabile ac fluxum

des Cosaques et des Prussiens. Il y a toujours deux poids et deux mesures pour les
droits des rois et des peuples. M. de Villèle se servit habilement de cet avantage.

M. Mathieu de Montmorency revint de
Véronne porteur de la décision du congrès,
pour qu'on commençat immédiatement les
hostilités. Entre les rois, la convenance
et le droit du plus fort, tiennent souvent
lieu de justice. Le premier ministre qui
n'avait pas encore vidé son sac de finesses,
et qui n'était pas en mesure, obtint le
renvoi de M. de Montmorency, qui n'a-
vait eu d'autre tort que celui d'avoir en-
gagé sa parole.

M. de Châteaubriand entra au ministère par une fausse porte, il n'avait pas

----

est, quam fama potentiæ non sua vi nixæ. Tac.
Ann. 13.

l'aveu de Mont-Rouge ; il ne visitait alors
que l'abbaye aux bois. On ne le reçut au
ministère que parce qu'il arrivait de Véronne en croupe derrière un cosaque,
qu'il avait eu l'honneur de recevoir la pensée d'Alexandre , et qu'en expulsant M. de
Montmorency, on ne voulait pas choquer
la sainte alliance. Le talent ni le génie
de M. le vicomte n'entrèrent pour rien
dans la détermination de M. de Villèle
à son égard. M. de Villèle gagna trois
mois par ce revirement ministériel ; il faisait des préparatifs qu'on désavouait ; le
journal des *Débats*, alors son organe,
protestait contre la guerre, et ce ne fut
qu'en recevant son ordre de départ, que
l'ambassadeur espagnol commença à avoir
des craintes. Il partit même de Paris
en comptant sur les efforts de M. de
Villèle par le maintien de la paix.

Le discours de la couronne parut dubitatif. L'Angleterre avait refusé de participer aux résolutions de Véronne ; elle rentrait, pour la première fois, depuis la paix de Paris, dans son vieux système britannique, et lord *Liverpool* l'annonçait publiquement.

Mont-Rouge l'emporta ; les Pyrénées furent franchies, l'Angleterre resta neutre, parce qu'elle comprit l'énormité de la faute que commettait le ministère français.

Les résultats de la guerre d'Espagne sont connus : la marche triomphante de l'armée française n'a eu d'autre résultat que de faire passer le pouvoir aux mains des moines. M. de Villèle sentit ce contre-coup après la chute du *Trocadéro* ; il était trop tard. L'ordonnance d'*Andujar* immortalisa le duc d'Angoulême, mais elle fit frémir les moines espagnols qui, à compter

de ce jour-là, passèrent au service de la
Russie. Il y a mille événemens en politique,
comme dans la vie civile, qui sont incom-
préhensibles ; l'affaire d'Espagne est de ce
nombre. Les passions sont les mêmes au
fond chez tous les hommes et dans tous les
temps, mais leurs formes se modifient dif-
féremment, selon les lieux et les circonstances.

Une circonstance que je ne me charge
pas d'expliquer, parce qu'elle est obscure,
c'est que M. de Villèle et Mont-Rouge parurent un instant en mésintelligence, relati-
vement à cette ordonnance d'*Andujar*.
M. de Châteaubriand aurait-il donné
dans le panneau ?..... Il y a tant d'incidens imprévus en politique ! Qui aurait
pu prévoir que la femme paralytique
d'un simple soldat aurait ouvert le lit de

Louis XV à la fille d'un roi de Pologne détrôné, et qu'une fille publique de Paris aurait fait avorter tous les projets du cardinal *Albéroni?* Sans cette fille publique, il est probable que la maison de *Stuart* régnerait aujourd'hui en Angleterre.

Une question, ou plutôt un fait matériel, domine toutes les questions secondaires de la politique; la France, ce berceau de la civilisation européenne, ce territoire que peuplent trente millions d'hommes braves, actifs, industrieux, passera-t-elle sous l'influence russe ou s'alliera-t-elle au système britannique? en d'autres termes, la Russie et l'Angleterre, qui vont se battre indubitablement, entraîneront - elles la France dans leur querelle, ou bien la France sera-t-elle assez vigoureuse pour répudier le rôle de satellite?

Avant la guerre d'Espagne, la France pouvait facilement devenir le chef des gouvernemens constitutionnels du midi de l'Europe; il ne fallait que patienter et laisser s'user d'elle-même cette ardeur démocratique, qu'il était si facile de contenir.

Depuis la chute de Cadix, cette entreprise est à peu près chimérique : les moines et les Russes sont là pour l'empêcher (1).

---

(1) M. Camus, évêque de Bellay, prétend qu'un seul ordre de moines mendians coûte trente-quatre millions d'or. Jésus-Christ n'a pourtant jamais demandé l'aumône, ni fait profession d'une pauvreté volontaire.

Vivez du travail de vos mains; employez à ce travail, utile à la société, le temps que vous employez à tâcher de vous attirer des legs et dés aumônes : la Genèse a dit, que Dieu mit l'homme dans le Paradis terrestre pour y travailler et le garder : *tulit ergo Dominus Deus hominum , et*

Cependant, le même homme qui n'a pas pu arrêter l'émancipation des moines espagnols, au préjudice même de la couronne, s'est imaginé qu'au moyen de l'occupation de l'Espagne par une armée française, il pourrait incliner sa politique vers le système britannique! intention louable, sans doute, mais qui ne réparera jamais la grande faute de l'invasion. L'Espagne constitutionnelle entrait naturellement dans la confédération du midi; elle y eût apporté son contingent; et, par le seul fait de l'invasion, elle nous force à la couvrir de nos soldats pour l'empêcher de s'égorger; elle dévore nos millions et prête le flanc, par ses moines, à toutes les intrigues qu'il plaira à la Russie d'y ourdir pour entraver l'organisation méridionale.

---

posuit cum in paradiso voluptatis, ut operaretur et custodiret illum.

Non-seulement elle nous occupe chez elle , mais elle nous agite chez nous. La Cour de Rome qui, dans d'autres temps , fit alliance avec les Turcs pour combattre des Chrétiens , laisserait-elle passer *une seule occasion pour troubler la France* et ressaisir ses droits? Mont-Rouge et les moines espagnols lui offrent des jannissaires et des alliés (1).

---

(1) Le pape Alexandre VI et César Borgia, son fils bâtard, avaient eu une telle réputation de fourberie, que l'on disait d'eux que le père ne faisait jamais ce qu'il disait, et le fils ne disait jamais ce qu'il faisait. Ils avaient pour maxime fondamentale : qu'il fallait donner sa parole à tout le monde, mais ne la tenir à personne, disant à ceux qui se plaignaient de cette conduite, qu'ils avaient juré, mais non promis de tenir parole. *Innocent III*, ce pontife si hardi, si violent, si dur, *mais qui devenait de cire à la vue de l'or,*

M. de Villèle, voulant masquer quelques défauts de *cuirasse*, cherche une assemblée dévouée et septennale; il dissout, sans motifs alors apparens, celle qui contenait quelques contrôleurs indiscrets; il en obtient une dans laquelle rentrent de *plano* les dîneurs ministériels et des royalistes *bruns* qui, n'ayant pas encore humé l'air des salons dorés, peuvent facilement prendre des *vessies* pour des *lanternes*. (1)

____

dit le moine anglais Mathieu Paris : *ad omnia scelera pro præmiis datis cereus.* C'est ce pape qui montait en chaire en tenant une épée, et en s'écriant : *Glaive, glaive ! sors du fourreau, aiguise-toi pour tuer et pour briller.*

(1) Ceux qui vivent à cent lieues de la capitale, en sont à un siècle pour les façons de penser et d'agir. On sent plus à Paris qu'on ne pense; on agit plus qu'on ne projette; on projette plus qu'on ne résoud. Exemple : ce n'est qu'à Paris qu'on

Il lui faut de l'argent, beaucoup d'argent, un milliard peut-être, pour faire de

---

voit un jeune fat faire dans un même jour, auprès de vingt maîtresses, vingt rôles différens avec l'air le plus faux, le plus forcé, le plus impertinent et le plus aimable.

Ce n'est qu'à Paris où ce qu'on appelle la *société* n'est plus qu'un gouffre où vont se perdre les talens et les vertus naturelles à l'homme. De la dissipation naissent l'inapplication et la frivolité; on néglige les grandes choses en donnant trop de temps aux petites : en né s'occupant et ne s'affectant que des intérêts futiles de la société, on perd de vue ceux de la patrie. L'amour du plaisir enfante l'intérêt particulier, qui ferme le cœur au bien général. Ces assemblées que forment l'oisiveté et l'ennui, bien loin de constituer la société, la détruisent. Ce sont des espèces d'attroupemens aussi contraires aux devoirs d'un bon citoyen, que ceux que les lois proscrivent le sont à la tranquillité publique. Soyons moins sociables, rétrogradons

la gloire à sa manière, et c'est en conver-
tissant la dette publique de 5 à 4 pour

---

un peu, si nous voulons sauver le corps politique.

Il y a mille à parier contre un, qu'un Député honnête homme, qui n'a pas l'habitude de Paris, n'échappera pas aux séductions de toute espèce que le pouvoir sème sous ses pas. Argent, plaisirs, *sinecures*, dîners, réceptions particulières, dis-tinction apparente. Quels symptômes de cadu-cité !

Ce n'est qu'à Paris où un ancien carme dé-chaussé, ancien jacobin, proconsul fougueux, ami de Robespierre, espion sous le consulat, et baron de l'empire, peut en imposer à tout le monde, même au Roi, sur sa piété et sur son royalisme. Je faisais sous l'empire un certificat de vie pour ce malin protée, et j'y avais mis son titre de Baron : Effacez ce titre, me dit-il modeste-ment;..... je ne veux en prendre que lorsque l'em-pereur m'aura fait comte.

cent , avec l'accompagnement obligé de l'agiotage, qu'il monte l'opération la plus

---

J'ai remarqué, et tous les véritables Français auront remarqué, un article qui a paru dans le *Constitutionnel*, le 5 octobre. Le bon abbé de Saint-Pierre n'aurait pas mieux fait. C'est ainsi que les choses devraient aller; mais ce n'est pas ainsi qu'elles vont. Les philanthropes politiques sont rares, *apparent rari nantes in gurgite vasto.* Cet article m'a rappelé une ingénuité d'une bonne dame, artiste distinguée, qui me disait en 1818 : « De bonne foi, Monsieur, croyez-vous que si tout » le monde était d'accord, les choses n'en iraient » pas mieux? »

C'est une bonne chose qu'un article de journal bien pensé et bien écrit; il en reste toujours un peu dans l'esprit des lecteurs. Je connais un professeur estimable qui, depuis trente ans, fait mettre en tête de tous les cahiers d'étude ce vers du bon Lafontaine :

Ni l'or ni les grandeurs ne nous rendent heureux.

hardie, la plus injuste et la plus dangereuse.

Les cent voix de la renommée entonnent
des hymnes de gloire pour l'auteur de ces
deux admirables combinaisons; quelques
organes de l'opinion publique cherchent à
se faire entendre; peine perdue, les *bruns*
d'un côté, les journalistes de l'autre, leur
imposent silence.

Le Scipion de la trésorerie marchait en
triomphateur vers le Capitole, lorsqu'un
petit incident vient lui rappeler qu'il est
homme. Cela se faisait ainsi dans la Rome
ancienne, pour rabattre l'enflure des héros. Muse, dis-moi quel est le ressort secret
qui mit en mouvement l'archevêque de
Paris, les curés et les devotes? Serait-
ce la *répugnance* qu'éprouve Mont-Rouge
pour M. le vicomte? *Jansénius* et *Molina*
auraient-ils ressucité leurs anciennes querelles? Les affaires de Sorèze et de Louis-

le-Grand, n'en seraient-elles que le prélude ? Comment des hommes et des journaux, qui chantaient les mêmes cantiques, se sont-ils séparés tout à coup si violemment, et vomissent-ils les uns contre les autres, des injures si dégoûtantes? *tantenæ animis celestibus iræ.* Cependant comme dans cette circonstance l'intérêt public paraissait d'accord avec la vengeance *sacerdotale*, les épines du schisme se mêlèrent à l'importante affaire de la trésorerie, et M. de Villèle perdit la bataille des rentes, avec une honteuse majorité.

M. de Châteaubriand qui jugeait les coups au tour du tapis ministériel, profite de l'occasion pour se créer un parti personnel ; je nommerais au besoin, le messager dont on s'est servi pour rallier les pairs de l'opposition.

M. de Villèle, ou Mont-Rouge, qui vou-

lait se débarrasser de M. de Châteaubriand, à tout prix, lui reproche de ne
pas jouer *carte sur table*, et le chasse
du conseil : c'est le mot.

M. le vicomte joue l'étonnement, les
signaux sont donnés, un déluge de sarcasme, d'injures, vient fondre sur le ministère. On lui reproche tardivement,
mais enfin on lui reproche, les honteuses
menées qu'on avait employées dans les élections, pour obtenir ces *bruns* qui ont
été si dociles. Les mêmes journaux qui
la veille chantaient les louanges du ministère, qui parlaient si bien la langue du
jésuitisme, qui avaient proné les circu-
laires électorales, viennent lui reprocher
son incurie, et forcent le président du
conseil, à montrer ses mains dans les
marchés de M. *Ouvrard.* Des traités hon-
teux sont signalés ; comme ayant pour

objet, de pervertir les journaux; les tribunaux se prononcent contre le ministère, l'Archevêque de Paris donne un coup
de pied à M. de Corbière, et le journal
des Débats déclare *royalement*, que l'insurrection est le plus saint des devoirs (1).

---

(1) « L'impôt, il ne faudrait qu'une ordonnance
» et des gendarmes.

» Insensés! souvenez-vous, ou apprenez si vous
» ne le savez pas, que le seul *Hampden*, en re-
» fusant de se soumettre à une taxe illégale, fit
» éclater la sanglante révolution d'Angleterre. Il
» suffirait de la protestation de quelques pairs, de
» quelques députés, etc. »

(*Journal des Débats*, du 28 juillet.)

J'engage les lecteurs qui aiment à observer les
variations de l'esprit humain, à comparer les ar-
ticles qui parurent dans le *Journal de l'Empire*,
contre les Martyrs, lors de la publication de ce
livre, avec les brûlantes adorations qui décorent

Où s'arrêteraient ces rivalités d'amour-propre et de jésuitisme , si le parterre était préparé pour en profiter?

Je suis loin de me plaindre de la noble indépendance dont la Cour royale de Paris vient de donner un bel exemple; mais je me plains de quelques journalistes qui , pour faire des héros improvisés, vont fouiller dans les annales des Parlemens , comme s'il devait exister quelque similitude entre nos tribunaux modernes et les anciennes Cours supérieures, qui n'offraient que l'intérêt de *caste* et de *compagnie*, d'autant plus redoutable, que, comme au-

---

aujourd'hui les colonnes des *Débats* ! Jusqu'au feuilleton qui jette l'encens à pleines mains, comme s'il avait quelque faute à expier. Ce sont pourtant les mêmes rédacteurs, le même auteur, et le même livre, sans variations. .

cun des membres ne répond des délibé-
rations du corps, les avis les moins raisonnables passent toujours sans contradiction; c'est pourqui le duc de *Sully*
dit, dans ses mémoires, « que si la Sa-
» gesse descendait sur la terre, elle ai-
» merait mieux se loger dans une seule
» tête, que dans celles d'une compa-
» gnie (1). »

---

(1) Qui croirait que l'an 1673, dans le plus
beau siècle de la France, l'avocat-général *Omer
Talon* ait parlé ainsi, en plein parlement, au sujet
du procès d'une demoiselle de *Canillac*. Journal
du Palais, tome I, page 144.

« Au chapitre 13 du Deutéronome, Dieu dit :
» Si tu te rencontres dans une ville et dans un
» lieu où règne l'idolâtrie, mets tout au fil de
» l'épée, sans exception d'âge, de sexe ni de con-
» dition. Rassemble dans les places publiques tou-
» tes les dépouilles de la ville, brûle-la tout en-

Les questions politiques et religieuses
ne devraient appartenir qu'aux Chambres,

____

» tière avec ses dépouilles, et qu'il ne reste qu'un
» monceau de cendres de ce lieu d'abomination. »

C'est avec cette pédanterie, avec cette démence,
avec cette ignorance des principes de la nature
humaine, avec ces préjugés mal conçus et mal
appliqués, que la jurisprudence a été appliquée
par des hommes qu'on nous présente comme des
demi-dieux.

La recherche des crimes exige des rigueurs sans
doute : c'est une guerre que la justice humaine
fait à la méchanceté ; mais il y a de la générosité
et de la compassion jusque dans la guerre. Le
brave est compatissant ; pourquoi le magistrat serait-il barbare ? Cherchez des exemples en Angleterre, MM. les faiseurs de collections, et, pour l'honneur de la France, pour l'honneur de l'humanité,
ne fouillez plus dans nos archives parlementaires.
Quand la raison est pervertie par des compilateurs,

parce qu'il y a là pouvoir véritable, sans intérêt de compagnie.

Les délits sont de la compétence des tribunaux, mais en laissant aux jurés la décision du fait, vous ruinez l'importance d'hommes qui ne sont institués que pour appliquer la loi. Dans ce cas, vous n'aurez

---

l'homme devient nécessairement brute ; la société n'est plus qu'un mélange de bêtes qui se dévorent tour à tour, et de singes qui jugent des loups et des renards. Voulez-vous changer les bêtes en hommes? commencez par les rendre humaines et raisonnables.

Je n'ai fait cette note que pour le jurisconsulte estimable dont les journaux vantent la compilation récente : je n'ai point la prétention d'attirer sur ce point les regards des gens du monde; tout ce qui est loin de nos yeux ne nous touche jamais assez.

que des magistrats, mais si vous les ap-
pelez seuls à la décision des questions
politiques et religieuses, vous pourrez avoir
des factieux.

Il y a mille moyens d'apaiser un
homme, une Chambre de députés même;
il n y en a point d'adoucir la férocité
d'un corps entraîné par la vengeance per-
sonnelle. Chaque membre, enivré de cette
fureur commune, la reçoit et la re-
double dans les autres membres, et se
porte à l'inhumanité sans crainte, parce
qu'il n'y a là aucune responsabilité. Lisez
les actes des parlemens, depuis le grand
Saint-Louis jusqu'au jugement de Calas;
leur jurisprudence est bâtie au hasard,
sans régularité, sans uniformité, comme
on bâtit des chaumières dans un village.
Pesez cette longue et cruelle démence;
le feu des bûchers, le massacre des Vau-

dois, l'accusation de magie contre les facteurs des premiers livres imprimés; une opposition constante à la naissance de tous les arts, de toutes les vérités, à la réforme du calendrier; la proscription de l'émétique, de l'inoculation (1), la défense de débiter l'encyclopédie : enfin, le procès d'un pauvre cheval qu'on accusa de magie, parce qu'il préludait aux exercices que *Franconi* a perfectionnés.

Qu'on vante quelques parlementaires, leur intégrité, leur courage, je le conçois, *Montesquieu* l'était; mais qu'on

____

(1) L'histoire n'a point omis que, malgré les arrêts du parlement, l'infortuné Louis XVI, Louis XVIII, et le comte d'Artois, aujourd'hui roi de France, apprirent aux Français, en se faisant inoculer, qu'il faut braver le danger pour éviter la mort.

vante les anciens parlemens, et que l'opposition les présente comme les défenseurs de nos droits : c'est absurde. Défenseurs de leurs droits, et voilà tout. Plus de Cours souveraines, rappelons-nous que sans le cruel *Louis XI*, dont la raison était supérieure quand elle n'était pas aveuglée par les passions, nous n'aurions peut-être pas encore l'imprimerie. Ce fut lui qui arracha cette affaire au parlement de Paris; il ne souffrit pas que la France fût à jamais déshonorée par la proscription de cet art, et fit payer aux artistes de Mayence, le prix de leurs livres. Il n'appartient qu'aux Chambres de renverser les ministres; faire passer ce droit insensiblement dans les Cours royales; ce serait remettre tout en question (1).

____

(1) M. de Châteaubriand, dans son dernier

Le ministère n'est pas tout-à-fait exempt de reproches, dans l'affaire des tribunaux; s'il eût laissé subsister la loi du respectable M. de *Serre*, il n'aurait pas eu besoin de rompre la lance qu'il vient de briser, et nous n'aurions pas perdu la liberté de la presse.

Trop de vices se laissent apercevoir. Pourquoi, sans besoin, M. de Villèle livre-t-il le trésor à la voracité des traitans? *Colbert* ne recourut jamais à cette espèce d'hommes, et cependant *Colbert* n'avait pas le quart des revenus dont dispose M. de Villèle. *Colbert* entretenait une

---

écrit, appelle la justice française *le pain des pauvres;* c'est encore du romantisme : j'en appelle sur ce point à tous les plaideurs. Ce n'est pas même le pain du riche. La justice coûte dix fois plus cher que sous l'ancien régime.

armée de quatre cent cinquante mille hommes, créait une marine, et soutenait la guerre contre toute l'Europe. Il obéissait de plus à tous les nobles goûts de son maître, et jetait les fondemens de cette grandeur qu'attestent encore ses monumens et les respects du monde. Les traitans n'arrivèrent que sous le ministère du cauteleux Chamillard et de son hypocrite protectrice. Ce fut alors que l'on vit, non le plus grand des hommes, mais le plus grand des rois assurément, livrer trente millions de papier aux Juifs, pour en avoir huit en espèces. On le vit, cet infortuné père, plus grand dans ses malheurs que dans ses prospérités, réduit à emprunter quatre cent mille écus de son petit fils, *Philippe V*, pour frayer le chemin du trône de Pologne, au prince de Conti. Qu'y a-t-il de commun entre

cette situation et celle où nous nous
trouvons? et comment un ministre qui
ne jette pas les fondemens d'un seul monument , qui n'a pas deux cent cinquante mille hommes de troupes à solder,
et qui a plus d'un milliard de revenu net,
a-t-il besoin d'agiotage, de traitans, de
banquiers et de barons juifs?

On doit cette justice aux hommes publics qui ont fait du bien à leur siècle,
de regarder le point d'où ils sont partis,
pour mieux voir les changemens qu'ils
ont fait dans leur patrie. La postérité
leur doit une éternelle reconnaissance
des exemples qu'ils ont donnés, lors même
qu'ils sont surpassés. Cette gloire juste
est leur unique récompense ; aussi cette
postérité a-t-elle remarqué la conduite
de *Colbert*, depuis la chute de Fouquet,
jusqu'à sa mort.

Ordre dans les finances; remises aux peuples des impôts arriérés depuis 1647 jusqu'en 1656; abolition de trois millions de tailles et d'autres droits onéreux; création des hôpitaux dans toutes les villes de France; création des grands chemins; naissance du commerce; compagnie créées pour les Indes occidentales et les grandes Indes; commerce maritime; manufactures créées, encouragées; embellissemens de Paris; la police; les bâtimens royaux; la munificence envers les artistes et savans étrangers; vingt fondations, dont une seule suffirait pour illustrer un règne; cinq arsenaux de marine : Paris enfin, devenu par lui le centre des arts!

Lorsque Colbert arriva au ministère, rien de tout cela n'existait, et le chaos régnait dans les finances.

Qu'on mette en regard de ce petit tableau, le point de départ de M. de Villèle, son administration, la hausse, la baisse, les primes et le baron Rothschild. Il ne suffit pas pour être un grand ministre, de crier soi-même, *la question préalable,* et de faire voter une majorité docile; Colbert connaissait aussi ces ressorts, il faisait voter tout le monde en faveur de son maître; mais de ces moyens cachés ou publics, naissaient de grandes choses, et le siècle de *Louis XIV* est comparable au siècle d'*Auguste*. Non que la puissance et les événemens personnels, puissent être comparés : Rome et Auguste étaient dix fois plus considérables dans le monde, que *Louis XIV* et Paris; mais il faut se souvenir qu'*Athènes* a été égale à l'empire Romain, dans toutes les choses qui ne tirent pas leur prix de la force et de la puissance.

Le cours des événemens humains, sans nul doute, est soumis à une impulsion qui dérive de certaines causes dont les effets sont inévitables ; inaperçues par le vulgaire, ces causes frappent plus ou moins l'homme clairvoyant ; il les découvre, soit dans certains indices, soit dans des incidens fortuits, dont les inspirations l'éclairent et le guident.

On croirait qu'après sa disgrâce parlementaire, M. de Villèle aurait dû faire quelques pas vers la partie nationale, pour se renforcer d'autant, et balancer l'influence des *pointus* ; non, il fait une espèce de coup d'Etat, qui ferait rétrograder la restauration de sept ans, si les Français étaient aussi maigres d'avenir que le premier ministre ; des banquiers lui suffisent, il s'associe à des hommes qui ne croient à la victoire qu'après le combat ; qui furent les derniers à participer aux emprunts que la France fit pour se sauver ; qui refusaient l'escompte des bons royaux, la veille du passage de la Bidassoa, et qui viennent avec une espèce de traité d'économie politique (1), assimiler dix millions de propriétaires Fran-

------

(1) Brochure de M. Lafitte. Il faut bien distinguer l'économie politique, telle que l'ont professée les *Smith*, les *Ricardo*, les *Say*, d'avec celle que professe M. Lafitte ; la première crée les capitaux, les ressources, les États ; en les enrichissant, elle augmente les populations et leur donne l'aisance.

La seconde n'est que l'art de la gestation, de l'agglomération des intérêts et des commissions : l'une crée et l'autre dévore.

Toute l'économie politique de M. Lafitte, soit qu'il l'applique à la banque, au commerce, à l'industrie, aux prêts ou achats de créance sur l'État, se réduit à ces deux vers de Boileau :

çais, à six ou sept mille propriétaires Anglais ; abaisser le génie de *Frédéric* et de Napoléon, devant l'agiotage et l'esprit mercantile ; mettre en parallèle le génie passager des *Médicis*, avec la haute pensée qui, depuis quinze siècles, perpétue l'existence politique de la France ? des hommes enfin qui confondent les partis et les opinions ; qui ignorent que les opinions sont les choses, et que les partis sont les personnes. Les partis sont des instrumens *matériels* qui agitent le

---

Prends-moi le bon parti, laisse-là tous les livres.
Cent francs au denier vingt, combien font-ils ?... cinq livres.

Sous ce rapport, le juif Samuël Bernard et le dernier traitant de la régence en savaient autant que lui.

Montesquieu a dit : « Les financiers soutiennent » l'État comme la corde soutient le pendu. »

présent, les opinions sont des élémens secrets et des principes moraux, qui préparent l'avenir.

Les empires ne sont point exempts de cette loi commune qui assujétit tout sur la terre à la décomposition ; et quand un état prolonge sa longévité à treize siècles, on peut affirmer hardiment qu'il a eu une autre énergie que celle des intérêts matériels.

Qu'on tire un coup de canon au milieu de l'Europe, et dites au gouvernement, quel qu'il soit monarchique ou républicain, de compter sur le désintéressement et l'appui de ces hommes à écus. Un roi d'Angleterre faisait arracher les dents aux fils des mutilateurs de notre *Divin Maître*, pour avoir de l'argent. Ces enfans d'Israël prennent leur revanche : ils ont trouvé le secret d'arracher les dents des peuples et des rois, sans avoir recours au cruel instrument que le peuple nomme *beaume d'acier;* et Paris, cette ville immense, pleine d'un peuple oisif, qui veut juger de tout, qui a tant d'oreilles, tant de langues avec si peu d'yeux, seconde merveilleusement cette croisade Israélite. Une autre espèce d'oisifs, qui ne voit jamais dans les choses que le côté plaisant, fait des couplets, tandis que les persuadés gémissent, que les frondeurs déclament, et que M. de Villèle agit.

Il s'est élevé, depuis la seconde restauration, dans le sein de cette Capitale, une secte qui s'arroge tous les droits, tous les bienfaits de la révolution, et qui ne manque aucune occasion de flétrir la source qu'elle exploite et qu'elle dénigre

tour à tour (1). Cette secte d'abord humble,
parce qu'elle tremblait, aussi obscure que

------

(1) Oui, la révolution fut violente dans sa marche, cruelle même; mais pouvait-elle, entourée
d'ennemis, exposée à l'invasion, rester calme et
modérée? Quoi! des hommes qui, dans un borde-
reau, ne vous feraient pas grâce d'un centime,
viennent travestir et juger la révolution? ils ne
tiendront compte ni du temps, ni des lieux, ni des
catastrophes, ni du délire universel, ni de la
fièvre républicaine dont la France éprouvait alors
le redoublement? La Convention, malgré ses dé-
chiremens, ses excès, ses décrets forcenés, a sauvé
la patrie et préservé la France du sort de la Pologne. C'est un fait incontestable, l'histoire l'a
déjà consacré. Ce n'est pas seulement de nos jours
que le partage de la France a été résolu; sans la
bataille de Denain, qui fut préparée par la mésintelligence de la reine Anne et de Malborough, c'en
était fait.

Henri IV lutta vingt ans contre ce projet, que

son style, est devenue impérieuse et arro-
gante. *Elle attendit que les rois vinssent*

Philippe II couvrait artificieusement du voile de
la religion.

Et sous Philippe-Auguste, que la ruse, la du-
plicité et la trahison notoire du cardinal Pan-
dolphe, légat du pape, avaient conduit au bord
du précipice. Ecoutons l'historien anglais.

« L'empereur Othon, plusieurs princes d'Allemagne, les ducs de Lorraine, de Brabant et de
Limbourg, les comtes de Hollande, de Namur, de
Boulogne et de Flandres, se préparaient à l'attaquer. Le comte de Sallisbury les joignit, après
avoir surpris, brûlé et coulé à fond ou dispersé
toute la flotte française, dont les officiers étaient
allés se divertir à terre. Les confédérés *avaient
déjà fait entre eux le partage de la France ;*
léur armée grossissait tous les jours. Elle était, avec
les troupes anglaises, de près de cent cinquante
mille hommes. Philippe, qui n'en avait que cinquante mille, terrassa leur orgueil à Bouvines. »

réclamer ses secours ; elle saura bien attendre que les peuples daignent lui rendre leur estime. Je ne connais que le moyen âge, qui offre un exemple d'une si rare suffisance ; je la trouve dans la maison *Talleyrand-Périgord*, qui inscrivait sur ses bannières, *rien que Dieu.* Du moins craignait-elle Dieu, et c'est bien quelque chose.

Ce temps où vivait Philippe-Auguste offre une ample matière à l'œil du philosophe qui cherche de bonne foi les causes secrètes du bonheur ou du malheur des peuples. Sous le règne glorieux et plein de succès d'un *Louis XIV* ou d'un *Napoléon*, le peuple perd ses droits et sa liberté. Les Anglais la retrouvèrent sous le roi *Jean.* De cette observation naissent deux grandes vérités : la première, c'est que le règne d'un prince faible et méprisable procure quelquefois un bien ; la seconde, c'est que les caractères arrogans deviennent les plus faibles au moindre revers.

Les docteurs, les têtes creuses de cette secte calculatrice, n'ont eu d'autre mérite que l'entente de l'*intérêt composé*; c'est-à-dire, que, prêtant au moins à six pour cent, et y joignant une commission tous les trois mois, le tout payé d'avance, ils ont facilement doublé leurs capitaux dans l'espace de dix années.

Les événemens politiques qu'ils contrariaient, ayant forcé le gouvernement de chercher des ressources, il sont venus en retardataires lui vendre leurs écus, et ont profité des différences qu'offraient les intermittences de 50 à 105, sans compter l'intérêt légal.

D'autres gouvernemens ont fait des emprunts par leur entremise; ces emprunts, au lieu de monter de 50 à 105, sont tombés de 50 à zéro; les adeptes ont supporté cette énorme perte : reste à savoir si les malins courtiers, qùi avaient eu là prévoyance de retenir trois semestres sur le capital, pour soutenir le cours de ces emprunts, n'ont pas eu le temps de tirer leur épingle du jeu.

La fortune leur a souri. Qu'ils aient ou qu'ils n'aient pas ruiné les crédules qui ont cru à leurs oracles, ce n'est pas ce dont il s'agit : il suffit de constater qu'ils sont opulens.

Mais cette opulence est - elle un titre suffisant, pour répandre une teinte si sombre, si ennuyeuse sur l'art de gouverner les peuples ? et faut-il chaque fois qu'un ministre voudra tripoter les finances de l'Etat, que nous soyons condamnés à lire un nouveau traité de l'*intérêt com-posé*, sous la spécieuse qualification d'*économie politique* (1)? L'économie poli-

(1) La régence d'Alger se prétendait créancière

tique suffit-elle pour gouverner les empires? M. Pasquier et d'autres pairs de

---

du Comité de salut public d'une somme de six millions. Pendant vingt-cinq ans cette créance fut re-
jetée de toutes les liquidations. Un M. Busnach,
porteur du titre de cette créance, l'a roulé et offert à
tout prix sur le pavé de Paris. J'ai eu cette créance à
ma disposition, et j'en fis acheter un petit morceau
par un de mes amis M....., comme on met cent
sols à la loterie.

Cette créance a passé dans les mains de quelque
habile économiste qui a trouvé le secret de la faire
liquider intégralement. Peut-être que, comme le
Petit-Jean des *Plaideurs*, il peut dire :

« Il est vrai qu'à Monsieur j'en rendais quelque chose. »

Si c'est là le fond de la science de l'économie politique : cette science qui a pour objet d'enrichir les
peuples et les états, je déclare qu'*Adam Smith*,
David Ricardo et *M. Say*, ne sont que trois sots ;
j'ai connu un plus grand homme qu'eux : feu
M. Ignard.

France, sont-ils allés dans quelques comptoirs puiser les hautes raisons morales et
politiques qu'ils ont fait entendre du
haut de la tribune? Depuis quand l'intérêt
matériel, a-t-il remplacé l'ordre moral?
Quels peuples a-t-il préservés dé la destruction ou de la servitude? L'*Egypte*, la
Phénicie, *Carthage*, *Venise*, *Gènes*, la
Hollande, sont des exemples assez fameux, qui prouvent l'impossibilité de la
durée des Etats purement commerciaux et
industriels. Citez une seule époque qui ait
pu se passer sans hommes d'état, et sans
hommes de guerre. La politique et les
armes ne sont-elles pas malheureusement

Cet habile *économiste* achetait les créances sur la
marine, et je tiens de sa bouche que, dans ce ministère, tout lui était dévoué, depuis le suisse jusqu'au
premier commis.

les deux professions les plus naturelles à l'homme? La France a-t-elle existé une seule année, sans négocier ou sans se battre? Qui ne sait que le commerce, fort utile sans doute, contrarie presque toujours les intérêts de la politique, et que son intérêt mercantile lutte sans cesse contre le génie? Des négocians Hollandais, des républicains, vendirent à *Louis XIV* les munitions dont il avait besoin pour faire la conquête de la Hollande. Le prince Maurice, qui en réprimandait un sur un tel négoce, en reçut cette réponse: «Mon-
» seigneur, si on pouvait faire par mer
» quelque commerce avantageux avec l'en-
» fer, je hasarderais d'y aller brûler mes
» voiles. » Cherchez dans l'ancienne Rome un pareil trait.

Et de quel droit ces capucins philosophes, viennent-ils attaquer le *maxi-*

mum dont ils ont peut-être profité? les circonstances sont-elles les mêmes? s'agit-il aujourd'hui de sauver la France, et de couvrir ses frontières d'un rempart d'acier? signale-t-on quelqu'un des gouvernans d'alors, comme ayant sacrifié la France à quelqu'intérêt *matériel* ; leur opulence insulta-t-elle à la misère du peuple? sauvèrent-ils leur patrie sans *intérêt composé* et sans brochures? Répondez, impartiale *Clio.* Qui oserait blâmer *François Ier* d'avoir dépouillé Saint-Martin pour sauver la France? qu'elle bouche oserait accuser Richelieu du *maximum*, de la capitation et de la levée des domestiques, lorsqu'il s'agissait de combattre l'Espagnol, dont les armes victorieuses occupaient Senlis? Mais l'industrie (1), *l'intérêt composé,*

____

(1) Nous voyons souvent avec des regards diffé-

voilà les deux grands mots qui ont remplacé d'autres plus grands, et peut-être

---

rens, dans la triste mais véritable tranquillité du repos, ce qui nous a paru si grand et si intéres-sant dans l'âge où l'esprit plus actif est le jouet de ses désirs et de ses illusions.

Depuis quinze ans le mot *industrie* m'écorche les oreilles, et cependant je ne suis pas l'ennemi des hommes industrieux. J'ai trouvé la raison de cette antipathie : c'est que le mot *industrie*, qui est tout matériel, tout mécanique, a remplacé les mots sonores de *liberté*, *patrie*, mots magiques qui provoquent l'enthousiasme, qui font des héros, et qui sauvent les peuples. Toutes les mécaniques du monde ne sauveraient pas les Grecs, et le mot *liberté*, s'il ne les sauve pas, les fait du moins mourir en demi-dieux.

Même antipathie pour le mot *libéral*, et pour-tant j'aime les libéraux..... Je laisse aux *matins* du parti le soin de résoudre ce dernier problème. Un écrivain que je ne connais pas, m'a traité de

plus justes dans l'art de gouverner et de perpétuer les peuples.

---

brutal dans un numéro du *Mercure*, à propos de mon livre, *Curiosité* et *indiscrétion,* et cela parce que je me suis permis de dire quelques vérités un peu dures au côté gauche de la Chambre. *Figaro* dit à *Bazile :* Es-tu un grand seigneur, coquin, pour qu'on te flagorne? Le titre de libéral vaudrait mieux que celui de roi, si un sot pouvait s'en couvrir avec impunité.

J'ai lu dans un article de journal le mot *velche* appliqué à un ministre régnant; certes le mot est dur. Je ne puis pas affirmer qu'il soit juste, puisque je n'ai jamais eu l'honneur de parler à Son Excellence; mais il peut être vrai. Voici sur quoi je fonde ma croyance à cet égard :

Je connais, et tout Paris connaît, un vieil avocat périgourdin, royaliste, religieux, qui implore à haute voix, quand il a la colique, les secours de la Sainte Vierge; qui tient table ouverte pour les chanoines de Notre-Dame; qui fléchit la tête et le

La France ne s'occupait que de tournois,
ses peuples étaient pauvres, et l'Espagnol

---

genou lorsqu'on prononce ou qu'il prononce le
nom d'un grand seigneur; dans la cuisine et le
salon duquel se préparait la restauration avant que
M. de C..... n'y eût songé.

Cet avocat pèse dix fois plus dans l'opinion des
jurisconsultes, comme avocat, que M. de C.....
Il parle mieux, discute mieux, prend les questions
d'un point plus élevé, les conduit vers leur solution avec plus de clarté, de méthode, et sans
néologisme; il a plus d'esprit et lance l'épigramme
avec finesse, sans sarcasme. De la science; si par
l'effet de quelque cataplypse, ou de la fureur jésuitique, le monde venait à perdre le corps entier
du droit romain et ses annotations, on le retrou-
verait dans sa tête.

Eh bien! cet avocat célèbre n'a jamais lu que
des livres de droit et la Vie des Saints, et si la
révolution ne l'eût pas mobilisé en le persécutant,

exploitait les mines du Nouveau-Monde. La brillante Italie que gouvernait *Charles-Quint,* nous appelait barbares! Que sont devenus les états et les trésors de *Charles-*

---

il n'aurait aperçu de sa vie d'autre clocher que celui de sa paroisse.

Un jour que devant moi et plusieurs autres il faisait parade de son indoctisme sous le rapport des lettres et de la philosophie : « Je ne connais *Tribonien,* nous dit-il en gasconnant, que parce que son nom se trouve sur l'édit du *barbare Philippe.* »

Du moins vous connaissez *Montaigne,* votre compatriote, lui dis-je..... — Non.

M. Féletz, présent à cette scène, l'apostropha en riant... Ah ! je vous tiens; vous avez lu l'Esprit des Lois..... — Jamais.

Avec un grain d'ambition, cet honnête avocat pouvait arriver au ministère de l'intérieur..... Serait-ce un *velche?* oui ou non? répondez, Messieurs du *Mercure.*

Quint? quel rôle a joué l'Espagne depuis la mort de *Philippe II?* et quel rôle a joué la France depuis l'avénement de *Louis XIII?* Notez que le jour du couronnement de ce prince, il n'y avait pas un seul vaisseau dans les ports de France.

Il faudrait avoir le diable au corps pour contester l'encouragement que reçoit l'industrie en France, non-seulement pour les choses nécessaires, mais même pour les plus grandes superfluités. J'ai vu des chaises percées et des manivelles de seringues recevoir les honneurs du Louvre. Que peut-on désirer de plus comme protection? Reste à savoir si ces progrès industriels tiennent lieu de toutes les vertus nécessaires à la conservation de la France. C'est un problème que je résoudrais difficilement, si je n'avais à mon service que le grand art de *l'intérêt composé.*

L'industrie s'est perfectionnée dans les villes, s'est accrue dans les campagnes, sans le secours des banquiers qui n'en sont que les sangsues; il s'élevera toujours des plaintes sur le sort des cultivateurs, on les entend dans tous les pays du monde, et ces murmures sont presque partout ceux des oisifs opulens qui condamnent les gouvernemens beaucoup plus qu'ils ne plaignent les peuples. Les flatteurs du peuple exagèrent toujours ses craintes, excitent sa défiance; ils se font les ennemis de tous les hommes en place, pour s'établir dans celle qui convient à leur ambition : c'est la marche de tous les agitateurs, depuis *Hippon*, le harangueur de Syracuse, jusqu'à *Robespierre*, le bavard de Paris. Il est très-difficile de marquer le point précis entre l'exécution des lois et l'abus des lois, entre les impôts et les rapines. Cependant l'impôt est assez également réparti ; et, en voyant l'état florissant de nos villes, on doit supposer l'abondance dans les campagnes, car certainement ce sont les campagnes qui les nourrissent. Les alimens de luxe même ne sont fournis que par le travail industrieux du cultivateur ; travail toujours chèrement payé. Le moyen Ordre s'est enrichi par l'industrie depuis *Colbert.* Les ministres et les courtisans sont moins opulens, la paye seule du soldat est restée stationnaire, et cependant notre armée n'offre qu'à peu près la moitié de celle de *Louis XIV*, et le budjet est quadruplé. Peut-être vaudrait-il mieux améliorer le sort de ces soutiens éternels de l'Etat, ces pauvres machines à piston, toujours dupes de qui les frappe sur l'épaule, les tutoie et les fait quelquefois punir, que de donner inutilement trente-cinq millions à des banquiers qui n'en ont pas besoin. Si Colbert avait eu la paix, une Cour modeste, et un budjet d'un milliard, payé d'avance..... Mais ce Colbert n'était qu'un administrateur, il ne connaissait ni la hausse ni la baisse, il cherchait la source des richesses de la France : ses successeurs n'en connaissaient que l'abus.

Je sais tout ce qu'on dit pour justifier la conduite de ces messieurs. Ce sont d'honnêtes gens ; le zèle du bien public et de leur bien personnel, les possède et les embrase. Personne ne les entend ni se soucie de les entendre : ils doivent donc être supportés par ceux qui valent encore mieux qu'eux, et éprouver leur indulgence. Depuis quand y a-t-il quelque mérite à être honnête homme, la plume à la main ? Suffit-il d'avoir de l'argent, du crédit, du zèle sans lumières, pour se mêler de gouverner les

États? J'ai assez bonne opinion du genre humain pour assurer que si tous les honnêtes gens se mettaient à écrire leurs visions, il faudrait se sauver du monde; mais aussi j'ai assez d'expérience pour remarquer que le fanatisme aveugle d'un sot honnête homme peut causer plus de maux que les efforts de vingt fripons réunis. Au génie seul soient rendus honneurs immortels! lui seul peut faire quelque bien aux hommes, soit en les gouvernant, soit en les éclairant par ses écrits; mais, fussions-nous d'aussi grands économistes que M. Lafitte ou d'aussi grands distillateurs que M. le baron Acloque de Saint-André, vinaigrier ordinaire du Roi, inventeur de je ne sais combien de sortes de vinaigres que le Ciel conserve encore à la France, non-seulement pour la vente de ses acides, mais pour les hautes fonctions *militaires* qu'il remplit, je défie bien la nation française de tirer une seule goutte de génie de toutes les apocalypses dont l'inonde la gent à *intérêt composé.*

Et qu'on ne dise point que l'ennui qu'ils causent les empêche d'être dangereux ; plus leurs écrits sont plats, plus le nombre de leurs partisans s'est grossi de tout ce qu'il y a d'esprits communs et plats en France, soit dans la capitale, soit dans les provinces. Plus ils sont creux et obscurs, plus ils en imposent aux sots qui croient que, sous leurs cloches fêlées, ils cachent quelques fruits rares et exquis. Ils prennent insensiblement le ton clabaudeur ; les bons esprits, et même les esprits supérieurs, leur cèdent le pas en dédaignant de leur répondre.

En voilà un qui, pour justifier l'assistance intéressée qu'il prêtait à M. de Villèle, nous jette un volume à la tête, et nous prouve ce que nous savions : c'est qu'il n'a jamais visé qu'à l'intérêt matériel ; et cent-cinquante pages sont consacrées à faire l'histoire des progrès de l'économie politique, pour défigurer une opération de pur agiotage.

De deux choses l'une, ou l'intérêt, en France, est communément à quatre pour cent, ou cette assertion n'est qu'une fiction mensongère.

Si le premier cas est exact, imposez la rente au cinquième, et déchargez d'autant la contribution foncière. L'intérêt tombera tout naturellement, et l'agriculture sera soulagée.

Oui, mais en faisant cette opération si simple, si juste, si naturelle, on se passe de l'assistance du banquier ; on manque l'occasion de saisir un milliard et d'écor-

cher la poule sans qu'elle puisse crier !.....
Hélas! notre timidité n'a donc servi jusqu'à ce jour qu'à faire dégénérer leur orgueil en impertinence !

Ce qu'il y a de remarquable dans le livre
qui a donné lieu à ces réflexions, c'est que
l'auteur blâme hautement l'administration
de M. de Villèle; et, si vous blâmez cette
administration, pourquoi lui confiez-vous
le monopole de la dette consolidée? Qui
vous a garanti qu'une guerre, qu'un évé-
nement quelconque ne vint troubler une
opération aussi gigantesque? et pourquoi
fournissez-vous une arme dangereuse à un
homme dont vous craignez la marche politique? *Iriez-vous aussi dans l'enfer
brûler vos voiles?*

Que de contradictions pour justifier un
faux pas! Dites vrai, avouez franchement
que la commission de trente-cinq millions

vous a souri. Dans ce cas, une seule règle de trois vous suffisait pour vous justifier, et vous n'aviez pas besoin de grossir les pertes de l'intérêt par un faux traité d'économie politique.

Les Huns, les Goths, les Hérules, les Vandales qui n'avaient que du fer, subjuguèrent les banquiers qui possédaient l'or.

Napoléon fit la conquête de l'Italie avec cinquante mille francs en or et vingt-huit mille Français.

Trois ans avant, une division française qui n'avait que des assignats et des vertus civiques, avait envahi la Hollande : cette terre classique de *l'intérêt composé*.

En résumé, *l'intérêt composé* est le fond de la langue d'un banquier, surtout lorsqu'il l'applique à une opération qui

offre trente cinq millions de courtage;
mais il ne s'en suit pas que ce soit là le
fonds de la langue de la politique : et si la
monarchie française n'avait eu que des ressorts matériels, elle n'aurait pas tourné si
majestueusement sur son axe depuis la
bataille de Tolbiac.

Les finances d'un état sont sans contredit
la base de sa prospérité mais qu'y a-t-il
de commun entre le principe à l'aide
duquel un homme qui n'a rien s'enrichit,
et la fixité d'un budjet qui s'applique sur
le plus beau sol du monde, qu'on paye
d'avance, et qu'on grossit à volonté? Quels
rapports peut-on établir entre les chances
aventureuses que court un banquier, et
le revenu certain d'un pays où un coup de
soleil sème les milliards? Un banquier a
raison lorsqu'il spécule ; il a doublement
raison, quand il opère avec un ministre

qui cesse d'être administrateur. La balance du compte doit être pour le banquier, il ne faut pas de brochure pour démontrer cette vérité. Ne demandez-vous que de l'or? mais vos coffres *craquent* sous le poids de vos richesses. *Illius immensæ ruperunt horrea messes.* Il est des hommes sur le pavé de Paris, qui n'ont fait que du pathos en politique, comme dans les écrits qu'ils font ou font faire, hommes médiocres dont on a eu une bonne opinion parce qu'ils en ont une très-grande d'eux-mêmes, et qu'ils l'annoncent hautement ; mais sans prévoyance des événemens qui, par hasard, ont servi leurs intérêts matériels, en contrariant tous leurs calculs politiques. Espèce de financiers renforcés, qui ne savent calculer que le contenu de la bourse, et, parlant à tout propos de leur caractère, comme les femmes galantes parlent de leur chasteté. Ils sont riches, mais qu'est ce que cela prouve? Prenez la liste des hommes qui ont figuré dans tous les rangs, depuis trente ans, sur ce pavé de Paris, et vous serez effrayé de l'énorme avantage qu'y a remporté la ruse, secondée par la sottise et la stupidité même.

Et pourquoi cette balance en faveur de la médiocrité toute pure? je vais le dire. Certes il ne manque ni d'esprit, ni de lumières, ni de savoir, ni d'agrément, ni même de philosophie; jamais ces ingrédiens n'ont été si communs, c'est le dernier éclat d'un flambleau qui va s'éteindre; mais cette *force d'âme, le premier attribut du héros,* soutenue de la justesse d'esprit qui apprécie chaque chose; cette *étendue de vues* qui pénètre dans l'avenir, qui constitue le caractère, et compose les hommes supérieurs : voilà ce qui manque, et qui fait que sottise l'emporte.

Tous les revenus de la France s'élevaient, sous la minorité de *Louis* XIV, à soixante quinze millions d'alors.

M. de Villèle en donne aujourd'hui trente cinq pour le courtáge d'une opération de banque qui n'est défendue que par M. *Josse*.

Mais peut-être trouverait-on un but politique dans le projet financier de M. de Villèle : en éveillant la cupidité dans toutes les conditions, depuis le plus bas peuple jusqu'aux magistrats, aux évêques et aux princes; en les remplissant de la crainte de perdre et de l'avidité de gagner ; on détourne tous les esprits de toute attention au bien public, et de toute vue politique : des joueurs acharnés ne quittent point leurs cartes pour troubler le gouvernement.

Cette combinaison est digne de Mont-Rouge; mais un ministre habile devrait savoir que le gouvernement du Roi n'est pas encore assez puissant pour se ruiner.

Quand on a vu sept à huit cent mille hommes en armes, pendant trente ans, pour conquérir la liberté; l'Europe, l'Amérique et l'Asie sur pied, et qu'on retombe ensuite dans cette petite guerre de plume; on croit entendre le bruit d'une gouttière après les éclats du tonnerre. Cependant ces minuties bourgeoises occupent plus Paris que tous les grands intérêts de l'Europe : ce sont des insectes sortis du cadavre du molinisme, du jansénisme et de la doctrine, qui, en bourdonnant dans la ville, piquent les autres citoyens. On ne se souvient plus de Jemmappes, Fleurus, Marengo, Zurich, Austerlitz et Paris, ni des victoires, ni des disgrâces, ni de tout ce qui a ébranlé l'Eu-

rope. Il y a dans Paris cent mille énergu-
mènes qui ne savent déjà plus en quel pays
coulent le Danube et l'Elbe, et qui seraient
prêts à tout bouleverser pour le rabat ou
les trois lampions de l'archevêque de Paris.

Je ne dirai pas comme le prophète :
dans quarante jours Ninive sera détruite.
J'avoue toute mon insuffisance en matière
de prophéties : je cherche de bonne foi la
vérité et le bonheur de mon pays. Je parle
ici sans haine et sans crainte, et j'explique
les choses comme je les vois. Les princes
s'accoutument facilement à la flatterie, et
l'atmosphère qu'elle parfume devient l'air
vital dont ils ne peuvent plus se passer.
Dans toutes les disgrâces de Cour, on met
toujours en jeu l'amour-propre des princes :
rapportez-vous en aux courtisans là-dessus.

Par le fait de la révolution, la France
s'est recomposée à neuf; elle a tenu l'Eu-

rope sous le joug et dans la terreur de ses armes. Cette puissance lui a échappé par la faute d'un *illustre ingrat*, qui l'a saignée à blanc sans nécessité. La révolution avait élevé la digue qui pouvait arrêter les marchands de fers qui perpétuent l'esclavage dans le nord, et qui cherchent à l'introduire dans le midi. On l'a démolie pièce à pièce, cette révolution ; mais les matériaux existent ; son esprit est impérissable, il entraine les hommes, les partis et les gouvernemens. Ses prodiges sont gravés sur le marbre, sur l'airain, et le peuple entier les reproduit dans ses chansons : ceux qui l'ont subie pendant trente ans, en se déchaînant contre elle, osent à peine la regarder en face ; ils la tournent, la saluent forcément, et frémissent lorsqu'elle s'agite.

Tout gouvernement qui, en révolution

(et nous y sommes encore *quoiqu'on dise,*)
ne sait faire que des mécontens, perd
nécessairement le pouvoir : au premier
revers, toutes les ambitions reprennent de
droit une attitude hostile.

Une pensée funeste, que contrarie heureusement l'esprit national, se reproduit
souvent dans les mêmes bouches : c'est
l'assimilation complète de la France à
l'Angleterre. Rien n'est plus faux que ce
parallèle.

L'Angleterre est une république aristo-
cratique, isolée du reste du monde et momentanément inaccessible. Ses institutions
se perdent dans la nuit des temps; tout y
est anglais, même l'aristocratie. Jamais les
Romains ne portèrent l'esprit national à
un plus haut degré; jamais aucune puissance n'exerça le monopole des richesses
du monde avec tant de succès. Si la guerre,

la peste, ou des révolutions éclatent sur le continent, elle s'enferme et profite encore, par la prépondérance absolue de sa marine, des malheurs des autres peuples. Il n'y a que deux partis en Angleterre qui se réunissent au besoin : celui du pouvoir et celui de l'opposition. La liberté de la presse y est fondamentale, et on nous l'enlève sous le prétexte le plus frivole ! Les oies volant vers le capitole, au lieu de voler vers la Palestine, ont suffi pour qu'on nous en privât (1).

____

(1) Le vol des oies et le silence des poulets sacrés étaient interprétés à Rome par les augures.

Les Gascons des sources de la Garonne, nomment *Capitole* une vieille masure qu'on voit à Toulouse, patrie de M. de Villèle.

M. de Châteaubriand a fait, en 1810 ou 1811, un voyage en Palestine. Il dût, dès cette époque, reconnaître le goût des gascons pour le pouvoir; car, d'a-

La France est une monarchie tempérée,
même avec la Charte si on l'éxécutait,

---

près lui, le pacha ou bacha du Caire ou de Jérusalem, était le fils d'un cordonnier de Toulouse, ancien soldat de la vingt-unième demi-brigade.

Le cardinal *de Retz* disait que, pour être fidèle à un parti, il fallait souvent changer d'opinion.

M. de Châteaubriand fait du petit *de Retz*, dans un pamphlet que je viens de lire.

Je n'assurerai point ce que j'ignore ; mais, si quelque chose peut nous convaincre de cette fatalité qui entraîne tous les événemens dans ce chaos des choses politiques de ce monde, c'est de voir M. de Châteaubriand jouer le rôle d'un petit *coadjuteur*.

Le Génie du Christianisme empêche donc sa seigneurie d'apercevoir le ridicule des choses.

En sommes-nous au temps de la toute-puissance de l'Université? ferme-t-elle ses écoles par cela seul qu'elle croit ses priviléges attaqués? Les prédicateurs deviennent-ils tout à coup enrhumés? les médecins

elle est ouverte continentalement de toutes parts, elle relève de la cour de Rome par sa religion dominante, elle a des oppositions, des contre-oppositions, des intérêts anciens, des intérêts nouveaux ; son territoire est morcelé, un million de *Cincinnatus* le cultivent et se contentent du produit de quelques arpens de terre ; l'esprit de ses peuples est belliqueux, et jamais, quoiqu'on fasse, un *shérif* n'y remplira les fonctions de trois cents gendarmes. Le crédit de la France, c'est le milliard d'im-

---

abandonnent-ils leurs malades pour contrarier le pouvoir ?

Il y a aussi loin du génie politique de M. le vicomte à celui du cardinal, que du génie militaire de........ à celui de Napoléon ; et de l'importance politique de la Cour royale de Paris, au poids du Parlement, pendant les troubles de la Fronde.

pôts que les peuples payent sans mur-
murer, malgré la harangue *des Débats.*
Que les armées russes pénètrent dans l'Inde,
et nous aurons bientôt la solution du problème que cherchait Napoléon. Si Bonaparte avait connu les bateaux à vapeur
après Marengo, cette nouvelle Carthage ne
serait aujourd'hui qu'une colonie.

La révolution eût été une chose excellente si l'aristocratie et les parlemens en
eussent seuls profité.

Les dépouilles des protestans enrichirent madame de Maintenon, ses parens et
sa cotterie.

L'assassin du maréchal d'Ancre, Albert
de Luines, profita seul de ses dépouilles.

La mort violente du connétable de
Montmorency fit passer ses biens dans la
maison de Condé.

Toutes les belles fermes que possédaient

les moines et les chapitres dans les envi-
róns de Paris, furent acquises par des parlementaires.

Mais la nation, qui était étrangère aux
manœuvres qui préparèrent la révolution,
se lassa de n'être qu'un instrument, et voulut posséder; la seule commune d'Ecouen,
qui appartenait à la maison de Condé, fut
partagée en lots d'indigens. Ces indigens
sont aujourd'hui des propriétaires : voilà
le crime irrémissible. Un grand-seigneur
avait dit : « Il faut que les propriétés chan-
gent. » Ce seul mot suffisait pour renou-
veler la querelle des *Gracques* et de *Scipion nasica*.

Les *Scipion nasica* (1), ne trouvant en

_____

(1) Tiberius Gracchus fut assailli et tué par le
peuple, sur ce seul mot de Scipion Nasica : *Qui
salvam vellent rempublicam, se sequerentur.*
Patere, hist. 2.

France aucun élément de guerre civile, émigrèrent. Cette ressource des faibles découvrit le défaut de la cuirasse, et les Francs et les Gaulois se trouvèrent en présence. Les résistances allumèrent les passions; l'esprit de parti fit naître des animosités implacables, et les *Gracques se* battirent trente ans contre toute l'Europe. Voilà en peu de mots l'histoire de la révolution. M. Lacretelle jeune a fait cette histoire beaucoup plus longue et beaucoup moins vraie. Nous sommes encore trop dans la révolution, pour être près de son histoire.

La question tourne, mais elle ne change pas. Le pouvoir absolu et la liberté sont toujours en présence; il n'existe entre eux qu'une simple trève sur les points où la guerre a fait le plus de ravage pendant les trente dernières années, et cette trève a été mise à profit par les deux parties. La liberté depuis dix ans exploite le Nouveau-Monde, et chasse les Jésuites du Paraguay; le pouvoir absolu s'empare de ces *reitres* dangereux. Le pouvoir absolu ne rougit plus de ses crimes; le temps semble les avoir prescrits; la liberté rougit encore un peu de ses saturnales, mais elle a aussi la prescription trenténaire. Enfin la trève expire et les voiles sont en mer.

Cette trève fut signée à Paris, le 30 mars 1814: depuis, la liberté a été comprimée à Naples et en Allemagne, irritée en Espagne, exaltée en Grèce, etc.

M. de Villèle manœuvre en ce moment l'Amérique comme il avait manœuvré l'Espagne, avec cette différence que le télégraphe qu'il doit placer sur les *Andes* écartera un peu plus que celui de Bayonne.

Il me semble voir un vieillard qui s'embarque pour l'*Orénoque* où il va exercer la puissance paternelle sur son arrière petit-fils.

J'engage le nouveau ministre de la marine à lire l'histoire de France depuis la paix de 1748 jusqu'à la bataille de Trafalgar, et à réfléchir un peu sur les affaires de *lord Clives* et de *Dupleix* dans l'Inde...

Notre politique ne peut pas être stable, tourmentée comme elle l'est par des intrigues. Voyez avec quelle affectation la Quotidienne a fait ressortir les complimens adressés à M. de Châteaubriand par MM. de Damas et de Clermont - Tonnerre, le jour de la première présentation à Saint-Cloud. Mais, docte et dévote douairière, vous perdez la tête, sachez donc bien, et nous vous l'avons prouvé pendant trente ans, que si le trône de nos rois ne se trouvait pas dans la question, nous bénirions la main qui nous donnerait pour ministres des hommes de cette étoffe. Des ministres, même mauvais, qui, sortis de nos rangs, arrivent au pouvoir par la voie parlementaire, nous ferment la bouche; mais des ministres de race et d'antichambre, un seul mot de Mirabeau répété à propos.

Voyons un peu le chemin que nous avons fait depuis cinq ans, je ne parlerai ni de M. de Cazes, ni des doctrinaires, ni des libéraux, tout cela est en-dehors de la question. Je prends trois hommes d'un véritable talent dont les sentimens monarchiques sont incontestables: MM. Lainé, Pasquier et de Serre! que sont-ils devenus? en parle-t-on? Leurs chances ministérielles sont aussi improbables que les miennes. M. de Serre est mort; mais il serait vivant, que ma proposition ne changerait pas.

Trois autres personnages parlementaires

arrivent au pouvoir en s'appuyant, dit-on, sur les Jésuites ; mais il faut bien s'appuyer sur quelque chose, et si les Jésuites ont le vent, il faut nécessairement qu'un ministre vogue avec eux, bon gré malgré. La disgrace du duc de Choiseul et son exil à Chanteloup, n'eurent d'autre cause que les deux oranges de la favorite. Il semble, à entendre certaines gens, que les rois, les mignons, les Jésuites et les maîtresses soient des fruits inconnus dans notre vieille France. Il ne faut qu'un ministre pour chasser les Jésuites. L'expérience a démontré qu'une grande révolution ne suffisait pas pour détruire l'œil-de-bœuf : les habitans de ces contrées sont des phénix, ils renaissent de leurs cendres.

Ces trois ministres sont minés par la haute aristocratie ; s'ils tombent, et cela ne me paraît pas douteux, ils ne peuvent être rem-

placés que par le ministère de MM. de Polignac, Vitrolles et de Bruges. Si M. de
Châteaubriand entre dans cette nouvelle
administration, il n'y sera toujours qu'en
sous-ordre : ce sera la trompette ministérielle.

Nous jouirons alors de la haute éloquence de l'œil-de-bœuf; le grand problème
sera résolu, et rien n'altérera désormais la
croyance du bonheur.

Lafontaine a dit quelque part :

> La pauvrette avait trop compté
> Sans l'autour aux serres cruelles.

C'est vers la Cour, c'est à l'œil-de-bœuf
que nos regards doivent se porter, si nous
voulons connaître ce qui se passe autour
de nous et ce qu'on médite sur nos destinées futures.

« La Cour est une sorte de monde parti-
» culier au milieu du monde même ; ou

» plutôt c'est le vrai théâtre où se jouent les
» grands rôles, dont le monde ordinaire
» n'est que le spectateur ou le copiste. La
» faveur y est moins sûre parce qu'elle est
» plus enviée; la disgrâce plus amère, parce
» qu'elle est plus remarquée; et si la vertu
» y est plus pure, parce qu'elle y est plus
» éprouvée, le vice y est plus contagieux,
» parce qu'il est plus séduisant. C'est là
» qu'on s'introduit par vanité, qu'on se
» craint par ambition, qu'on n'aime, qu'on
» ne hait que par intérêt; là qu'on intrigue
» avec art, qu'on supplante avec adresse,
» qu'on séduit, qu'on trompe, qu'on trahit
» même avec tous les dehors de la politesse,
» du zèle, de la bonne foi; là qu'on se mon-
» tre ordinairement tout autre que l'on est;
» qu'on dissimule si bien ce qu'on pense;
» qu'on affecte si habilement ce qu'on ne
» sent pas : là, le grand intérêt, qui est

» celui du Souverain, ne l'emporte pas tou-
» jours sur des intérêts subalternes, qui sont
» ceux des courtisans. »

Le germe des anciennes rivalités entre la noblesse de province et la noblesse de l'œil-de-bœuf, que Brantôme, qui devait s'y connaître, appelait *lesche escuelle de Cour*, existe bien encore, mais dix ans de restauration ne l'ont pas assez développé; l'indemnité tant promise mortifie leurs petites passions; ils attendent, ils espèrent en criant *vive le Roi*; mais ils peuvent proférer ce cri français sous le ministère de M. de Polignac comme sous celui de M. de Villèle. La réunion de ces campagnards dans la Chambre des Députés, me paraît la plus grande faute politique de ce ministre; il lui fallait un contre-poids moral, il n'a mis que du plomb dans la carène de son vaisseau.

Les doctrinaires (1) jugent M. de Villèle comme les libéraux jugeaient M. Decazes : la situation est absolument la même et la proportion est exacte si on prend la peine

---

(3) Voyez la brochure de M. Salvandi, dont les deux premières parties sont un véritable acte d'accusation ! hors-d'œuvre inutile lorsque la loi n'a pas défini les délits que peuvent commettre les ministres ; et à qui la faute ? Pourquoi les doctrinaires, arrivés au pouvoir, ont-ils bataillé trois ans pour éluder la loi sur la responsabilité ministérielle, M. de B...... surtout ?

La troisième partie de cette brochure est vague, pâteuse. L'auteur se jette dans les bras de M. de Châteaubriand, comme les lièvres se jettent à l'eau lorsqu'ils n'ont plus d'espoir sur la terre.

Je ne connais rien de plus spirituellement bête qu'un doctrinaire.

Les ministres aiment le pouvoir comme les chats aiment à croquer les souris : c'est un besoin de nature.

de considérer, comme fait, l'existence de l'ab-
solutisme, dont le ministère est tout près, et
que nous subirons inévitablement si la sagesse du Prince ne vient à notre secours. Je
pourrais également dire avec la même vérité,

Les peuples aiment la liberté : ils ont raison, c'est
une bonne chose pour eux (*).

Depuis Adam, le pouvoir et la liberté plaident
ensemble. On se bat, on traite, on transige ; le
temps s'écoule.

Mais, qui a persuadé aux souris de s'en rapporter
à la bonne foi des chats, dans la décision de ce vieux
procès, qui. . . . . Les doctrinaires.

Notez bien que je ne blâme pas les chats : ils n'ont
fait que suivre leur instinct, leur nature.

(*) On lit dans un volume des *Mémoires* de Napoléon : que,
voyant que les Français voulaient la liberté, il songeait à la
leur donner à son retour de l'île d'Elbe ! Mettre en doute le
désir d'un peuple pour la liberté..... Napoléon n'a jamais pu
dire de pareilles niaiseries ; et , si malheureusement elles lui
ont échappé, son historien aurait dû les passer sous silence.

à son secours. Mais M. de Villèle a fait des fautes graves : il a suspendu nos libertés. Oui, certes, il a fait des fautes graves ; mais quel est l'homme vivant qui aurait pu les éviter ayant en tête la faction implacable qui le poursuit, qui prêche dans la même chaire, qui parle sa langue et qui empoisonne à volonté l'air qui entoure le trône, faction enfin qui a perdu *Louis XVI*, et que le sang de ce Roi martyr n'a pas corrigée. Dans ce cas, on quitte le ministère. Non, Messieurs, on le garde ; les boutades ministérielles ne sont plus de mode. Tranchons le mot : il

---

Mais, les souris. . . . . . .,

> Ce bloc enfariné ne me dit rien qui vaille,
> Dit-il, en s'en allant, au général des chats ;
>   Il ne te sert d'être farine,
> Car, quand tu serais sac je n'approcherais pas.

Le vieux rat qui parlait ainsi n'était pas doctrinaire.

ne s'agit pas de savoir si M. de Villèle est
où n'est pas libéral, il faut seulement convenir qu'il est ministre parlementaire, qu'il
est né dans nos Chambres, qu'il a gagné ses
éperons à la tribune, et qu'à ce titre il a
rempli toutes les conditions qu'impose aux
hommes d'État le gouvernement représentatif. Pas de milieu: si M. de Villèle reste
au pouvoir, l'opposition se recrutera de
toutes les oppositions, et les formes repré-
sentatives reprendront force et vertu. Si,
au contraire, son ministère est remplacé
par des orateurs d'antichambre........ *Ite
missa est.*

Il tombera, non devant la nécessité, mais
sous la puissance irrésistible de cette goutte
d'eau qui s'échappe continuellement de la
Camarilla; qui mine insensiblement les

---

(1) Napoléon lui-même, en 1815, ne fut-il pas

corps les plus durs; qui se transforme en poison, qui sème la calomnie et qui, sous

---

victime de son œil-de-bœuf? n'avons-nous pas été témoins du mauvais effet que produisit son acte additionnel? Ecoutons Carnot, le matin même où cet acte insensé parut dans le *Moniteur*.

« Le ministre protesta sur son honneur, non-seu-
» lement qu'il y était étranger; mais, qu'au lieu de
» cet acte, il y avait une constitution dont lui, mi-
» nistre, avait lu les épreuves à deux heures du ma-
» tin, et qu'il ne s'était retiré des Tuileries qu'après
» les avoir corrigées. Tous ceux qui avaient été ap-
» pelés pour la discussion et l'adoption de cette loi
» constitutionnelle, en la voyant imprimée dans le
» *Moniteur*, étaient sortis avec lui, à l'exception de
» *Régnault de Saint-Jean-d'Angély*, et de ***,
» qu'ils avaient laissés auprès de Napoléon ».

Voilà un courtisan qui, dans une circonstance décisive, l'emporte sur la décision imprimée de tout un conseil.

Les libéraux d'alors croyaient de bonne foi que

la forme dubitative, peut en infecter l'esprit du Prince, après avoir corrompu les salons. Comment un Roi peut-il s'en préserver long-temps, lui qui est la source de tant de biens terrestres, qui a des *aides-de-camp*, des chambellans, des gentilhommes ordinaires, des courtisans qui sont persuadés qu'on naît ministre quand on a le bonheur de descendre d'un mignon, ou d'un étuviste de Louis XIII ?..... *Gaudeant bene nati* (1).

Napoléon s'était corrigé. L'un d'eux soutenait cette thèse au milieu des chambellans, dans l'antichambre du prince. Le docteur Dubois, qui se trouvait là appelé par ses fonctions, apostropha l'orateur en lui disant : *Imbécile qui croit qu'on peut marcher contre son organisation !*

(1) C'est une étrange chose que la position dans laquelle se sont quelquefois trouvés les courtisans. On parlait dans le monde du renvoi de M. de Maurepas, et la chose paraissait certaine, lorsque le

Je n'ai point voulu prouver que M. de
Villèle fut un grand ministre ; ses actions

Roi donna audience à ce ministre, le rassura sur les bruits qui couraient et l'embrassa. M. de Maurepas vint, tout essoufflé, porter cette nouvelle au vieux duc de Duras, qui avait l'habitude du trottoir, et qui, après l'avoir écouté, lui répondit : Votre disgrâce est certaine. — Et d'où le savez-vous ? je quitte le Roi à l'instant même. — De vous seul ; ne me dites-vous pas que le Roi vous a embrassé ? Le vieux courtisan avait deviné juste.

Je tiens cette anecdote d'un témoin oculaire, qui était médecin du duc, et qui vit encore.

Il n'est pas besoin de dire combien est digne de louange le prince qui sait tenir sa parole, dont la conduite est franche et irréprochable. Mach., liv. du Prin. Ch. XVIII.

Si debeat salvari paucorum potentiæ, oportet eum videri facere pro populo, et facere oportet juramento contraria iis quæ faciunt. Consueverunt enim oligarchæ, cum in principatu instituuntur jurando dicere : Juro quod popu-

sont là, la postérité le jugera. Le vulgaire suppose quelquefois une étendue d'esprit prodigieuse et un génie presque divin dans ceux qui gouvernent les États. Ce n'est point seulement une pénétration supérieure qui fait le grand ministre, c'est principalement son caractère. Les hommes, pour peu qu'ils aient de bon sens, voyent tous à peu près leurs intérêts. Un bourgeois de Paris en sait autant sur ce point que *Séjan* ou *Richelieu* (1). Mais notre conduite et nos

---

tum odio habebo, et concilio annitar, ut male habeat. Hoc autem non est faciendum, sed oportet opinari contrarium esse faciendum, et insinuare in juramento oportet quod oligarchæ non faciant injuriam populo. St.-Thom. Com. de la politique d'Aristote. Chap. IX.

(1) *Quis est enim, qui totum diem jaculans, non aliquando colineat?* Cic. de Divinat., liv. ii, ch. 59.

entreprises dépendent uniquement de la trempe de notre âme, et nos succès dépendent de la fortune.

Par exemple, si un génie tel que Napoléon avait eu l'Espagne à conquérir, il n'aurait pas employé les moyens dont s'est servi M. de Villèle. Napoléon a échoué, M. de Villèle a réussi momentanément.

On peut juger le caractère des hommes par leurs entreprises. On peut bien assurer que l'âme de Napoléon respirait l'audace et le génie ; peut-être reconnaîtra-t-on quelque jour que M. de Villèle n'est que fin, spirituel et rusé; mais, pour reconnaître à quel point un ministre a de l'esprit, il faut l'entendre souvent parler ou lire ce qu'il a écrit; sous ce rapport, la dernière session a fait perdre à M. de Villèle tout ce qu'il a fait gagner aux rentes.

En lisant les lettres de *Mazarin* et les

mémoires du Coadjuteur, on voit aisément que *Retz* était le génie supérieur; cependant Mazarin fut tout-puissant et *Retz* fut accablé. Enfin, il est très-vrai que pour faire un puissant ministre, il ne faut souvent qu'un esprit médiocre et de la fortune; mais pour être bon ministre, il faut avoir pour passion dominante l'amour du bien public. Le grand homme d'État est celui dont il reste de grands monumens utiles à la patrie! Que restera-t-il du ministère de M. de Villèle?..... Voilà toute la question.

J'aperçois bien quelques tours de *matoiserie* que n'eût pas désavoués *Mazarin;* mais je ne vois rien qui indique une politique large, nationale, et qui s'élève au-dessus des cotteries. C'est du jésuitisme plus ou moins modifié; c'est encore, en petit, du père Lachaise et c'est de la bascule dans des nuances religieuses et politiques presqu'imperceptibles, et tout cela en présence de tous les élémens qui composent la foudre, et d'une contre opposition qui ferait des catégories dans sa propre communion, si l'on jouait encore à l'échafaud comme on joue aux pamphlets.

Prenez-y garde, M. le président du Conseil, vous vous êtes placé sur un terrain où il faudra tôt ou tard faire du *Richelieu;* et l'imiter seulement dans ses cruautés, ce dont je vous crois incapable, ne suffira pas. Vous dûtes le pouvoir à la réunion monstrueuse de deux oppositions qui ne s'entendirent que pour culbuter un ministère qu'on remplacerait difficilement, même aujourd'hui. Ce fut là un de ces traits de vengeance qui ne s'expliquent pas; qui prouvent seulement que les passions son implacables. Vous n'avez rien fait pour les calmer, ces passions; vous les avez d'autant plus irritées qu'elles avaient cru devoir compter sur vous. Rappelez-vous que les Jacobins, les régicides du Sénat, signèrent les premiers la déchéance de Napoléon. Dans les partis extrêmes, les passions n'ont d'autres différences que la couleur de leurs bannières. Les unes marchent avec les Anglais, les autres veulent des Cosaques, et la mienne, qui sans doute n'est qu'une sotte, ne marchera jamais qu'avec la France et les Français.

NOTE.

Le curé de Saint-Germain-l'Auxerrois, étant monté en chaire, dit que le Pape voulait que, dans toutes les églises de la chrétienté, on dénonçât comme excommunié l'empereur Frédéric II. *Je ne sais pas,* ajouta-t-il, *quelle est la cause de cette excommunication, je sais seulement que le Pape et l'Empereur se font une rude guerre;* j'ignore lequel des deux a raison; mais, autant que j'en ai le pouvoir, j'excommunie celui qui a tort et j'absous l'autre.

Cette anecdote m'en rappelle une autre qui m'a paru assez originale.

Deux jeunes soldats de la garde royale, qui ne pouvaient pas concevoir que deux hommes de qualités opposées pussent briller, sur le trône de France, dans deux genres différens, se disputaient violemment; l'un soutenait Napoléon, l'autre défendait chaudement Louis XVIII. Ils allaient en venir aux armes, lorsqu'un vieux *grognard*, témoin de leur rixe, les arrêta en leur disant : Vous avez raison tous les deux : l'Empereur était un bon b..... pour la guerre, le Roi est un bon b..... pour la paix ; *assez causé.....*

Feu M. de Robertspierre conserva toujours des relations avec l'ancien évêque d'Arras, tous deux s'écrivaient souvent. L'évêque applaudissait, encourageait le dictateur, espérant que, *plus on en ferait, et plus on rendrait la révolution odieuse.* Lorsque Robertspierre lui annonçait une grande exécution, l'évêque répondait : courage !..... Ce fut dans cet esprit qu'il conseilla la vente des biens des émigrés, parce qu'il croyait que cette vente serait un jour annulée, et il en concluait que celle des biens du clergé le serait aussi par la même raison.

Voilà le langage des passions.

Un magistrat, un témoin oculaire des massacres de septembre, affirme avoir vu deux anglais payer les assassins à l'une des prisons où l'on égorgea le plus de monde. Voyez le Procès-Verbal publié dans la Collection des frères Baudouin.

M. Pitt s'est vanté d'avoir obtenu, à prix d'argent, le décret d'extermination contre les prisonniers de guerre.

Et c'est nous, Français, qu'on accuse de toutes les souillures de 93 !

Amar, le farouche Amar, m'avait affirmé des choses que je ne croyais pas, cependant elles sont éparses dans les mémoires publiés récemment; on les trouve dans l'un et l'autre bord. Il ne faut plus qu'un homme impartial qui sache les réunir pour en faire jaillir la vérité.

Depuis la suppression de la censure, l'opposition libérale combat courageusement pour éviter qu'on la croque définitivement. La question du croquement est résolue; ce n'est plus que la sauce qui fait le litige. Le moment présent seul les occupe. Il n'est probablement pas donné à tout le monde de *regarder* dans l'avenir.

En fait, les jésuites sont là, et ils n'y sont pas pour enfiler des perles. Ils pourront bien briser le ministère actuel, qui paraît être un peu usé, mais ils le remplaceront; ce sera si on veut d'autres héros; ce sera la même vertu.

Un vieux feld-maréchal, qui ne parlait que par maximes, fut présenté à la reine Marie-Antoinette. Pendant tout le temps de la présentation, le vieux maréchal ne parla que de ses deux chevaux de bataille, qu'il affectionnait beaucoup.

Un jour, la Reine, ne sachant que lui dire, lui demanda auquel de ses deux chevaux il donnait la préférence. « Madame, répondit-il avec une gravité » comique, si j'étais, un jour de bataille, monté sur » mon cheval pie, je n'en descendrais pas pour mon- » ter sur mon cheval bay ; et si j'étais monté sur mon » cheval bay, je n'en descendrais pas pour monter » sur mon cheval pie. » Pour le *quart-d'heure,* je suis un peu de l'avis du feld-maréchal.

Après un moment de silence on parla des femmes de la Cour : deux passaient pour être les plus belles ou les plus jolies. La Reine demanda à l'un de ses courtisans, son avis. Ce courtisan, prenant le ton du maréchal et sa formule, dit avec une lenteur affectée : « Madame, un jour de bataille, si j'étais » monté..... » Assez, assez, crie la Reine, avec vivacité.

DEUXIÈME LETTRE.

Mont-Rouge, le 15 octobre 1824.

M. CHATEAUBRIAND (1).

« Ce ne sont pas tant les choses qui tour-
» mentent l'homme, que l'opinion qu'il a
» des choses.

» Il n'est point de raisonnement auquel on
» n'oppose un raisonnement contraire.

» Le soufflé enfle les outres, l'opinion enfle
» les hommes.

» Cendre et poussière, de quoi t'énor-
» gueillis-tu? ton entendement erre en aveu-
» gle dans les ténèbres, et ne peut apercevoir
» la vérité (2). »

Quelque respect que je doive au texte de
la Charte, je crois en devoir encore plus à

____

(1) Pour qu'on ne puisse pas m'accuser de prendre en traître les gens que j'ai envie de combattre,

son auteur? et j'aimerais mieux croire la
Charte falsifiée ou inintelligible que le Roi

---

je vais transcrire ici ce que j'ai consigné dans mon
livre *Curiosité* et *Indiscrétion*, publié, non sous
le consulat de Marcellus, mais bien sous le ministère du noble vicomte.

« Mais vous le supportiez ce despotisme; je crois
» me rappeler que vous le louâtes en assez belle prose
» vers l'an 1811. Je ne vous en fais pas de reproches,
» il avait un assez beau côté pour enflammer votre
» Muse. Mais quel est le côté qui pourra enflammer
» la mienne, si j'ai envie de chanter votre séjour à la
» tête ou à la queue du pouvoir? Hâtez-vous de nous
» le faire connaître; car si vous sortiez du ministère
» sans explication, il ne vous restera que quelques
» pages de pamphlets éloquemment écrites, beau-
» coup plus de bruit que de besogne, la mouche du
» coche enfin..... en voilà assez pour le ridicule. »

(2) Je ne connais pas l'auteur de ces quatre sen-
tences. Je les ai trouvées écrites en grec sur une des
poutres de la chambre où travaillait *Montaigne.*

injuste ou malfaisant. *Saint-Paul* (1) ne veut pas que le vase dise au potier, pour-

---

. (1) Il est des Pères de l'Église qu'on peut lire et relire sans être dévot ; on y trouve de la pâture pour le cœur et l'esprit, mais je ne voudrais pas les voir citer au barreau ni dans les consultations écrites. Si cela continue, le barreau redeviendra barbare.

Après avoir écouté les missionnaires, dont l'éloquence m'a souvent rappelé celle qu'on entendait dans un mauvais club de province, j'ai suivi assez soigneusement les orateurs chrétiens de l'église Notre-Dame : j'ai entendu deux fois un très-jeune homme, M....., qui m'a paru appelé à de grandes destinées dans l'art oratoire ; un bel organe, un beau langage, des transitions rapides et souvent heureuses ; de la chaleur, de la politesse et une excellente logique. Je l'engage à revenir moins souvent sur les mystères, sur le diable et sur l'incarnation : sa raison doit facilement lui indiquer ce qui blesse le goût. Je sais bien que les hommes réunis en nombre ont plutôt de grandes oreilles qu'un grand sens ; que les

quoi m'as-tu fait ainsi? Cela est fort bien si
le potier n'exige du vase que des services

étonner c'est les séduire, et que qui veut bien prendre l'autorité de les commander, les dispose à obéir.
Oui, mais Paris, ce rendez-vous de toutes les im-
puretés du royaume, est aussi le foyer des lumières
et du goût, et, prédicateur ou comédien, il faut
plaire aux oreilles susceptibles.

Je n'aurais pas fait cette observation si je n'avais
cru apercevoir dans M..... autre chose qu'un de ces
missionnaires qui crient et qui déraisonnent, pour
remplacer ce qui leur manque. J'avais entendu prêcher, le lendemain de Pâques, un Gascon gris-po-
melé, qui, à force de se démener et de déraisonner,
nageait dans la sueur : un homme du peuple, placé
près de moi, dit en soupirant dévotement : *le saint
homme en a mouillé sa chemise.* Voilà donc le
moyen d'en imposer aux sots..... Phocion, vous
aviez raison lorsque, étonné de vous voir applaudir
dans une assemblée du peuple, vous demandiez à un
de vos amis : *N'aurais-je pas dit quelque sottise?*

qu'il l'a mis en état de lui rendre ; mais s'il s'en prenait au vase de n'être pas propre à un usage pour lequel il ne l'aurait pas fait le vase aurait-il tort de lui dire : Pourquoi m'as-tu fait ainsi ?

Heureusement nous n'avons de reproches à adresser, ni au vase ni au potier (1). Le vase est bon, le potier est habile, mais la direction de son atelier est imprudemment confiée à des mains inhabiles.

Vous le savez, M. le Vicomte, il n'y a rien de bien qui n'ait un excès blâmable : même la bonne foi lorsque la faiblesse l'accompagne. La vôtre est arrivée à ce point : l'excès qui produit l'égarement est trop constaté, et ce n'est plus de vos premiers

____

(1) Le lecteur attentif doit s'apercevoir qu'une partie de cet écrit a été faite du vivant de S. M. *Louis XVIII.*

pàs dans la carrière politique que vous avez à vous défier..

Qui, mieux que vous, blâma les excès du despotisme que la victoire couvrait de ses lauriers? qui peignit de couleurs plus vives et de paroles plus éloquentes l'humiliation de l'arbitraire? qui désenchanta la gloire en jetant sur son plus cher favori, les reproches, les crimes qui souillèrent les héros qui l'avaient précédé, et en accumulant sur sa seule tête, trois mille ans d'exécrations (1)? Le génie a ses licences, votre élo-

______

(1) M. le vicomte en avait tant accumulé sur le compte de Napoléon, que la veuve du célèbre *Lionnet* (celui qui guérissait les carlins à coups de fouet de poste, rue de la Mortellerie, et qui avait acheté un marquisat un peu avant la révolution) imposait silence à tous ceux qui osaient encore soutenir les qualités de Napoléon. « Silence, disait en grimaçant » cette espèce de Marquise; figurez-vous, Monsieur,

quence a un charme irrésistible, mais il
ne suffit pas de bien dire, il faut encore

» que le misérable, le monstre, pour entretenir sa
» santé, était obligé de boire à jeun un verre de sang
» humain..... Oui, Monsieur, s'il lui manquait une
» fois, il devenait jaune, et le lendemain tombait
» malade, si on ne lui en donnait point ! Oui, Mon-
» sieur, ce n'est point une figure de rhétorique, c'est
» littéral : un verre de sang à jeun, et de sang hu-
» main !..... »

J'ai vu un père souhaiter, en jouant au piquet, que
deux boulets de canon pussent le débarrasser de ses
deux fils qui venaient de partir pour l'armée en
1815. Un médecin, qui entendit comme moi ce
souhait sacrilége, s'empara du paquet de cartes, et
le lança de toute sa force à la figure de ce scélérat
qui a pourtant la réputation d'un honnête homme.

Je ne veux certainement pas faire l'éloge de Napoléon ; je regarde son passage comme un fléau. Je
ne lui pardonnerais pas ses fautes quand il serait né
Prince, qu'il aurait eu un trône pour berceau, et pour

autre chose pour constituer un grand homme.

---

bourrelet une couronne; à plus forte raison sorti, comme il l'était, du ventre de la liberté. Que nous ayons à nous plaindre de lui, nous, cela se conçoit; mais vous, M. le vicomte, mais vos pareils..... ingrats! Je vous prouverais facilement, l'histoire à la main, qu'à diverses époques, depuis mille ans, vous auriez eu bon besoin d'un pareil tuteur.

Simple parvenu, soldat de fortune, fils de la révolution, a-t-il fait à ceux qu'il eut en son pouvoir tout le mal que la politique exigeait pour sa propre conservation?

Lui ont-ils fait, quand il dépendit d'eux, tout le mal qu'ils ont pu?

Georges Dandin, mon ami, vous n'étiez qu'un sot.

Molière.

M. de Las Cazes lui fait dire, tom. 2, pag. 334: « J'ai été trahi par Murat, que de soldat j'avais fait » roi, qui était l'époux de ma sœur. J'ai été trahi par

Plus je lis vos ouvrages et plus je me persuade que vous êtes *ascétique*; vos fréquentes visites à l'Abbaye-aux-Bois me fortifient dans cette opinion; car j'ai la bonne foi de croire que vous y prolongez le temps qu'on doit à la prière plus que ne le permet la faiblesse humaine. S'il en est ainsi, votre conduite ministérielle ne m'étonne plus. Je sais que dans cette extase habituelle l'esprit s'épuise, l'imagination s'allume et donne des visions; on devient inspiré, prophète, et alors il n'y a plus ni sens ni génie qui garantisse du fanatisme.

»Berthier, véritable oison, que j'avais fait une espèce
»d'aigle. »

Tout cela prouve qu'il ne fallait pas changer votre titre de premier citoyen de la France, contre le titre de despote; que donner un trône à Murat était un acte de folie, et qu'il appartenait à Dieu seul de faire un aigle d'un oison.

Fénélon, le bon, le divin Fénélon, était amoureux à son insçu, son âme chaste et pure ne se doutait pas que l'attachement qu'elle avait pour madame *Guyon* n'était autre chose que de l'amour. Nous avons encore des dames *Guyon*, mais où trouver un Fénélon?

D'un autre côté j'ai la certitude que votre seigneurie n'allait à Mont-Rouge, pendant son ministère, *qu'à la suite;* et que l'aga des janissaires du Vatican, l'illustre..., daignait garantir vos *bonnes intentions.*

Quoi M. le Vicomte, vous qui traversâtes les sables dévorans de l'Asie pour vous agenouiller sur le St-Sépulcre, qui interrogeâtes les échos de Sparte et de Ténédos: vous dont la plume brûlante, flétrissant le despotisme oriental, rappela aux Grecs leur noble origine, et le souvenir de leurs divins aïeux; vous qui, à la seule vue de Carthage, traçâtes quarante pages d'histoire que Salluste ne désavouerait pas; vous dont les Philippiques, soutenues d'un million de baïonnettes étrangères, réveillèrent les ombres des preux des quinze derniers siècles : c'est vous, dis-je, qui, comblé de faveur, assis au pouvoir, supportiez comme moi, le despotisme d'un..... de Jésuites !

Vous n'étiez chargé que de coquilles lorsque vous évocâtes l'ombre des Lycurgue et des Miltiade. Qu'avez-vous fait pour leur descendans, pour leur sainte cause, pendant votre séjour au conseil des Rois?

« *C'est bien chose rasre entre les*
» *hommes, d'en trouver un veuillant*
» *ou sage, mais encore est-il plus rasre*
» *et plus difficile, que de tout autre*
» *sorte de vertueux, d'en trouver un*

» *juste.* » Plutarque, *Vie de Flami-nius*. Le bon Plutarque cherchait un homme juste, et moi, dans le besoin pressant où s'en trouve l'état, je voudrais un homme national; malheureusement M. le vicomte de Châteaubriand, que j'admire sous tant d'autres rapports, et dont je défendais Les Martyrs à l'époque où le journal de l'empire les écorchait vivans (1), he m'offre pas cette qualité.

Il ne s'agit plus de se placer entre les airs d'*Henri IV* et de *Charmante Gabrielle*, et de les moduler selon les circonstances pour gouverner la France. Il faudrait n'être pas le fauteur de la guerre

____

(1) Le *Journal de l'Empire* trouvait Les Martyrs détestables; le *Journal des Débats* les trouvait admirables. La littérature aurait-elle, comme la politique, deux poids et deux mesures?

d'Espagne, et surtout fauteur à l'instiga-
tion de l'empereur de Russie. L'Espagne
est un cautère pour la France, qui profite
aux vues ambitieuses de l'héritier de *Catherine*. *Sixte quint, Philippe II* et le
cardinal de *Richelieu*, avaient fait des
alliances avec les protestans, et ils surent
s'en servir utilement. Quiconque a pu mé-
connaître ce principe vital, n'est qu'un
homme de parti. Un véritable homme
d'Etat ne doit avoir d'autre parti que le
salut de son Roi et de son Pays.

Croyez-vous de bonne foi, monsieur le Vicomte, que la France soit dupe des jon-
gleries qu'on joue devant elle? pouvez-
vous imaginer qu'elle s'intéresse sérieusement à ce que vous entriez ou que vous
sortiez du ministère (1)? et qu'avez-vous

____

(1) Ce n'est pas une affaire de peu d'importance

.fait pour elle? quels sont vos précédens .politiques? dans quels rangs vous a-t-elle .vu combattre (1)? Vous évoquez sans cesse .quelques vieilles croûtes que la révolution .a léguées à la restauration, et qui, après avoir été lavées par l'empire, sont payées par vous avec de l'encens; par l'Etat avec de l'argent, aussi cher que des chefs-

---

que celle du choix des ministres. Le premier jugement que l'on porte sur une personne et sur la trempe de son esprit, c'est de voir de quelle espèce de gens il est entouré. Machiavel, liv. du Prin. Ch. XXII.

Ut enim de pictore, sculptore, fictore, ni artifex judicare, ita nisi sapiens non potest perspicere sapientem. Plin. Epist. 10. Liv. 1.

(1) *Si ventri benè, si lateri est pedibusque tuis, nil divitia poterunt regales addere majus.* Hor. liv. 1. Ep. 12.

Vous portez-vous bien? n'avez-vous ni colique, ni goutte ni maux de reins? Un portefeuille de ministre n'ajoutera rien à votre bonheur.

d'œuvre sortis des mains de Raphaël. Fier de la beauté de votre style, vous vous persuadez qu'on improvise des hommes comme des phrases. Vous dressez magnifiquement la tente d'*Achille*, avec autant de facilité que vous en avez mis jadis à exalter Henri de *Transtamarre*, aux dépens de *Pierre-le-Cruel;* mais il y avait un *Duguesclin* dans cette cause injuste, illégitime! Trouvez-moi un *Achille* dans vos cadres dorés et sous vos tentes chevaleresques (1).

J'ai lu, souvent avec plaisir, tout ce qui est sorti de votre plume élégante et facile; je vous ai observé dans votre carrière politique; je suis convaincu que vous êtes

____

(1) *Qui nisi sunt veri, ratio quoque si omnis.*
Lucr. liv. IV.

Si les sens ne sont vrais, toute raison est fausse.

probe, désintéressé, et que vos alliances n'ont qu'à se louer de votre franchise (1) ; mais vous voulez gouverner la révolution , et vous ne l'entendez pas ; vous ne lui faites que des concessions insuffisantes ; vous donnez d'une main , et retenez de l'autre : et *donner et retenir ne vaut.* Vous l'exaltez, et au même instant votre bouche fulmine les foudres des souverains absolus qu'elle abhorre ; vous la foudroyez dans

---

(1) *Quid fas optare, quid asper,*
Utile nummus habet , patria charisque propinquis ;
Quantum elargiri deceat, quens te Deus esse
Jussit, et humana qua parte locatus es in re ,
Quid sumus, aut quidnam victuri giguimur.

PERS., Sat. 3.

A quoi nous devons borner nos désirs , quel est le véritable usage de l'argent ; le personnage que Dieu veut que nous fassions sur la terre, le rang que nous y tenons, ce que nous sommes, et pourquoi nous venons dans ce monde.

quelque philippique heureusement écrite, et vous lui faites des concessions que vous bigarrez de quelques exemples chevaleresques : comme si les temps de la chevalerie pouvaient attendrir une opinion qui frémit à leur seul souvenir !

Vous n'entendez pas la révolution, monsieur le Vicomte, permettez-moi de vous donner une leçon à cet égard.

« *Léon* X continuait les exactions et les rapines de ses prédécesseurs, lorsque, du fond d'un cloître, une voix inconnue, faible d'abord, mais qui, acquérant progressivement un volume immense, se fit entendre dans toute l'Europe. Examinons, s'écrièrent les peuples opprimés, et bientôt Luther dicta un code que vingt peuples inscrivirent dans leurs cœurs et dans leurs archives, et qu'ils honorent encore aujourd'hui d'hommages séculaires, à la vue même de ceux dont ils les a séparés. »

« Le monde compte deux espèces d'archives: celles de la nature, et celles des
hommes: la justice se trouve toujours dans
les premières, souvent l'intérêt l'a bannie
des secondes. Le langage que Luther op-
posait à Rome, au fonds est le même que
celui qu'à l'époque de la philosophie on a
parlé aux continuateurs de l'ancien régime.
La prééminence de l'époque de la philosophie sur celle de la réformation est immense. Il y a entre elles la distance qui se
trouve entre l'heure fugitive et le temps;
entre un quart de l'Europe et l'Univers;
entre quelques religionnaires et le genre
humain. »

Luther avait appelé l'examen sur les
matières religieuses; *Descartes* l'invoqua
pour les opérations de l'esprit, et la philosophie en fit l'application à toutes les
parties de l'ordre social.

Le chancelier *Bacon* avait montré de

loin la route qu'on pouvait tenir ; *Galilée* avait découvert les lois de la chute des corps; *Torricelli* commençait à connaître la pesanteur de l'air qui nous environne; quelques philosophes anglais firent des découvertes sur la lumière, sur le principe de la gravitation, de l'aberration des étoiles fixes, et sur la géométrie transcendante.

La réformation s'annonça par quelques invectives contre Rome et ses pratiques intéressées. Elle s'arrêta lorsque la moitié de l'Europe fut changée. Il en a été de même pour la philosophie. *Voltaire* et *Montesquieu* ouvrent la tranchée; les travailleurs accourent, l'élargissent, et, dans peu de temps, voilà tout l'ancien ordre social en démolition d'un bout du monde à l'autre. On s'est battu trente années sur ses ruines, comme, par la réformation, on se battit pendant deux cents ans sur

les débris des églises et des cloîtres ren-
versés par elle.

La Charte a consacré les principes que
sollicitait la philosophie, et la révolution
a fait halte; mais si ses armées ne com-
battent plus, son esprit marche : vous-
même, monsieur le Vicomte, vous *bara-
gouinez* sa langue pour abattre M. de
Villèle. Le quiétisme, le molinisme, les
doctrinaires, qui étaient les alchimistes de
la politique, ont disparu; les pointus, les
ministériels disparaîtront, parce que ces
disputes, long-temps l'objet de l'attention
de la France, ainsi que beaucoup d'autres nées de l'oisiveté, se sont évanouies.
La réformation et la philosophie ne disparaîtront pas : ce sont deux besoins réels
qui ont de véritables racines.

Ayant vingt ans, que vous soyez ministre ou que vous ne le soyez pas, les

eaux qui coulent entre les Colonnes d'Hercule et la Vistule, seront bues constitu-
tionnellement. C'est ce bouclier du Tasse
dont il est impossible d'obscurcir les rayons.

Comparez, monsieur le Vicomte, l'état
actuel des esprits avec ce qu'ils étaient
lors de la déclaration de 1672, qui défendait aux tribunaux d'admettre les simples
accusations de sorcellerie. Pour éprouver
les sorciers, on les plongeait dans l'eau,
liés de cordes; s'ils surnageaient, ils
étaient convaincus. Plusieurs juges de province ordonnaient ces épreuves, et je les
ai vues continuer encore parmi le peuple.
Tout berger était sorcier dans mon enfance; et les amulettes, les anneaux cons-
tellés, la rose du Jourdain, étaient en
usage chez ma mère. J'ai vu même les
effets de la baguette de coudrier, avec
laquelle on découvrait les sources, les

trésors et les voleurs : baguette qui serait encore fort utile, si les Chambres savaient et voulaient l'appliquer sur certains crédits. La philosophie a été utile même aux souverains, en gagnant toutes les conditions, excepté le bas peuple ; leurs droits sont mieux connus, mieux sentis ; des querelles qui auraient autrefois produit des schismes, des guerres civiles, n'en causent plus. J'ignore si les peuples gagneraient à avoir des rois philosophes, mais j'affirmerais, preuves en mains, que les rois sont plus heureux quand il y a beaucoup de philosophes parmi leurs sujets (1).

---

(1) *Æquo pauperibus prodest, locupletibus æquo,*
Et neglecta æquo pueris senibusque nocebit.

HOR., Ep. 1. liv. 1.

Elle est également utile aux pauvres et aux riches ; et les vieillards, comme les jeunes gens, ne peuvent la négliger impunément.

Parlez-vous de la Cour de Rome et de l'Eglise, qui, depuis si long-temps, est liée au gouvernement , qui tantôt l'inquiète et tantôt le fortifie, et qui, instituée pour enseigner la morale, se livre souvent à la politique et aux passions humaines; vous rencontrez les mêmes inconvéniens. Les horreurs des successeurs de *Néron*, jusqu'à *Vespasien*, n'ensanglantèrent le monde que pendant deux ans; et tout le monde sait que la rage du Pontificat ensanglanta l'Europe pendant deux siècles. Cette histoire est obscure sans doute; les apologistes du Vatican, de même que nos historiens français, se sont complu à falsifier tous les faits; ils pallient, se contredisent, inventent : on dirait M. *Lacretelle jeune*, écrivant l'histoire d'une révolution qui s'est passée sous nos yeux ; en sorte qu'un esprit juste, en lisant l'histoire, n'est presque occupé qu'à la réfuter ; mais on la réfute , et d'ailleurs le peuple possède, en vertu de lois positives , les terres que les Papes vendaient aux souverains. Persuadez-vous bien, M. le Vicomte, que le pouvoir des Papes est usé, qu'il ne reste plus à la Cour de Rome que quelques vieux droits contestés , beaucoup de prétentions, de la politique et de la patience; et que la chevalerie n'était utile que pour l'amusement des dames. Les *Paul - Émile* et les *Scipion* ne se battaient pas pour *la plus belle amie*, ils se battaient pour une patrie qui , défendue par eux, devint législatrice des nations (1).

____

(1) Le beau temps que celui où Bouchard, nommé par le Roi gouverneur de Corbeil, voulait devenir roi de France!

« Noble dame, disait-il à sa femme, donnez »joyeusement cette épée à votre illustre époux; il la

Vous avez essayé tour à tour tous les épisodes de la révolution, et vous avez cherché, comme de raison, à les rendre familiers à votre usage personnel. Je vous surprends usant de Napoléon comme les Napolitains usent de leur Saint-Janvier. Cet homme que vous avez retourné sous tant de faces, devient l'objet de votre admiration : ce n'est pas du fruit nouveau, c'est seulement un de ces retours qui font revenir l'homme sur ses vieux souvenirs,

----

»recevra de votre main en qualité de comte, pour »vous la rapporter aujourd'hui comme roi de »France. »

Ces *servans d'amour* étaient de jolis instrumens pour la couronne. Si, à leur ambition et à leur extravagance, ils avaient joint un peu de *prose cadencée*, nous serions encore dans les *douceurs* du moyen âge. Heureusement qu'ils ne savaient pas écrire.

et qui prouvent seulement l'instabilité de
sa pensée. Je vais vous dire, moi, en peu
de mots ce qu'a fait Napoléon. — Les
grands hommes ne sont utiles à leur siècle,
que lorsqu'ils ont l'intelligence de le comprendre, unie à la force de le devancer.
Fils de cette révolution tant calomniée,
Napoléon hérita de la gloire de ses armées et du divin esprit qui animait ses
enfans; mais, au lieu d'atteindre au but
que sa mère s'était proposé, il répudia
l'un et méprisa l'autre. L'ombre de Wa-
shington lui tendait les bras, la raison
lui conseillait d'écouter cette ombre, et
d'approprier non une république, mais
une monarchie constitutionnelle, aux besoins de son siècle et de la civilisation
française : il fit justement tout le contraire.
Bonaparte était romantique, il alla dé-
terrer, dans la nuit des siècles, l'empe-

reur *Barberousse* (1) , en fit son modèle ,

____

(1) Eh mais, dans le même temps qu'il singeait Barberousse, n'avait-il pas à sa solde, dans le journal de son empire, tous ces Frérons que la philoso= phie avait défroqués, et qui sont aujourd'hui vos satellites? Ces harpies ne couvrirent-elles pas de leurs sales immondices, le flambeau de la raison, du goût et de l'humanité ! Flambeau divin , qui brille encore pour le bonheur du monde ; qui vous a même pénétrés ; car, malgré votre pélerinage, vous suez la philosophie par tous les pores.

Ce fut vers la même époque que le même journal baptisa M. Alissan de Chazet du nom d'*inévitable*, titre qu'il a si bien justifié sous l'empire et qu'il a continué de mériter sous la restauration. M. de Cha= zet a toujours de petits vers prêts pour les naissan- ces, les fêtes, les mariages et les décès de la Cour, comme ces parasites gastronomes qu'on rencontre dans toutes les fêtes de famille. C'est un commerce fort utile, selon Montaigne, pour ceux qui pratiquent *l'art de la gueule.*

releva la couronne de fer des rois lom-

Napoléon, d'après le *Mémorial de Sainte-Hé-lène*, tom. III. pag. 41, dit : « Il suffit à présent
» de l'atmosphère des jeunes idées pour étouffer les
» vieux féodalistes; car rien ne saurait désormais
» détruire ou effacer les grands principes de notre
» révolution. Ces grandes et belles vérités doivent
» demeurer à jamais. Nous en avons noyé les pre-
» mières souillures dans des flots de gloire. »

Voilà, grand homme, qui vaut mieux que toutes
vos fabriques *de cire*, mais il est bien étrange que
ces grandes vérités qui, bien appliquées, vous eussent préservé du roc de Sainte-Hélène, se soient
complètement effacées de votre esprit, depuis le 18
mai 1804, jusqu'au 1er avril 1814.

Que l'infortuné Louis XVI, qui les avait d'instinct
ces grandes idées, ait pu continuer la route de ses
ayeux et se tromper, c'est un malheur, il faut le
plaindre; mais vous qui sortiez d'une guérite; qui
deviez tout à ces principes; qui, dans votre enfance,
ne connûtes ni le jaspe, ni le porphire;.... qui peut
vous excuser?

bards, créa des grands officiers (1) et des

---

(1) Le fourgon de l'une de ces oies que Napoléon, selon ses propres expressions, avait trans-
formées en aigles, fut arrêté à la barrière par un
employé des droits-réunis : celui qui le conduisait
n'ayant pas la clé, attendit que son maître arrivât.
Quand le général vient, il fait approcher de la por-
tière de sa voiture le commis principal, et commence, avant toute explication, par lui assener un
coup de poing qui lui met la figure en sang, puis le
fait destituer. Qu'aurait fait de mieux un baron
féodal ?

Ce trait rappelle la conduite du maréchal de Saxe
en pareille occasion. A la frontière, en rentrant en
France avec ses équipages, il les fit arrêter pour
satisfaire aux lois. Le premier commis s'avança, le
chapeau à la main, et dit au Maréchal : Monsieur
le Maréchal, faites filer vos caissons : les lauriers ne
paient pas de droits.

grands fiefs (1), et rétablit le pouvoir pontifical. Il osa même faire un roi de

---

C'est pourtant la morgue et la sottise impériales qui avaient ainsi gâté les vertus civiques de l'armée de Sambre-et-Meuse. Les Jourdan, Marceau, Dugomier, Hoche, Joubert, Colaud, Moreau (*), Pichegru, ne battaient que l'ennemi.

(*) Rome alors estimait ses vertus.

(1) Cette multiplicité ridicule de nobles sans fonctions et sans vraie noblesse, ne se trouve point ailleurs : c'est un effort de démence dans un gouvernement d'avilir la plus grande partie de la nation. Quiconque en Angleterre a quarante francs de revenu en terre est *homo ingenuus*, franc citoyen, libre anglais, nommant des députés au parlement. Il n'y a de nobles, dans la rigueur de la loi, que les lords de la Chambre haute.

Les Turcs, qu'on n'accusera pas d'être républicains, ne connaissent pas la noblesse transmissible, et ce despotisme est tempéré par des moyens qui ré-

Rome en présence de ce pouvoir ressus-
cité ; tandis que, l'histoire à la main,
le moindre de ses conseillers pouvait lui
prouver que vingt empereurs et vingt
rois de Rome leurs fils, avaient échoué;
Charles-Quint lui-même put bien sac-

---

tablissent l'équilibre. La nature a jeté dans le cœur
de tous les peuples des idées mères, qui ont toutes
pour objet le grand principe de la conservation. Jamais le muphti, les ulémas et les janissaires, même,
dans leurs excès, n'ont insulté à la raison humaine,
comme l'a fait notre grand Bossuet dans sa politique
sacrée. Les abus, les caprices de la force, amènent
la force, et tout reprend son niveau. Nous rions
lorsque nous voyons nos enfans trembler au seul
nom de *Croquemitaine*; mais quand ces enfans
ont vaincu leur frayeur, mesuré leur force et leur
courage contre ce fantôme, qu'arrive-t-il ? répondez,
ombre du grand auteur d'*une partie* de l'Histoire
universelle.

cager Rome, mais il n'osa jamais y régner.

Les soldats français devenus impériaux, n'en restèrent pas moins attachés à leurs vieilles doctrines : on change difficilement le vieil homme ; ils les semèrent sur la surface européenne, elles germèrent. La liberté va vite en besogne, et ce même conquérant qui l'avait étouffée dans son pays, la retrouva aux bords de l'Elbe et de la Sprée ; ce fut elle qui l'accabla, et ce fut en son nom, que des souverains absolus vinrent dans Paris lui enlever sa couronne (1). Vous savez le reste, M. le Vicomte, écrivez seulement sur votre *memorandum* que l'occupation de

______

(1) Toutes nos tragédies finissent ordinairement par une sédition, une mort, un massacre ; toutes nos

l'Espagne par l'armée française, trompera tous vos calculs, et que les échos du Guadalquivir répéteront les accens de la liberté, avant que l'ombre du Cid sorte

---

comédies par un mariage, et ce pour nous enseigner que les grands sont nés pour détruire, et les autres hommes pour peupler!

J'ai toujours eu envie de rire en me rappelant ce passage du philosophe Charron : « Hélas! on choi- »sit les ténèbres, on se cache, on ne se livre qu'à la »dérobée au plaisir de produire son semblable; au »lieu qu'on le détruit en plein jour, en sonnant la »trompette, en remplissant l'air de fanfares....... »Pauvre philosophie! »

Je remarque que la religion atteint aux deux extrêmes de la vie, tandis que la philosophie n'arrive que sur le tard. C'est bien quelque chose, mais ce n'est pas assez pour lutter long-temps.

de son tombeau (1). Pourquoi ces accens seraient-ils proscris, lorsque Montesquieu remplit les colonnes de la Quotidienne, que les Débats vantent l'insurrection, et que vous-même, M. le Vicomte, vous réfugiez sous le drapeau de la Charte, pour combattre M. de Villèle; la Charte que vous avez si joliment assassinée dans vos réunions ministérielles.

---

(1) Lorsque les Français arrivèrent aux portes de Madrid, un Espagnol patriote, instruit, et remplissant de hautes fonctions sous le régime constitutionnel, dit à un Français, son ami, qui lui faisait quelques remontrances : Eh bien ! les Français, soit : obéissons.

Nous n'avons pas d'argent; ils nous en apportent.

Notre pays regorge de denrées, ils les consommeront.

Les deux tiers de notre population est ignorante, et voilà cent mille maîtres d'école. *Patiencia amigo.*

Méditez ces trois aphorismes, monsieur le Vicomte.

Tout le monde a blâmé l'expédition d'Espagne, qui nous a révélé sans doute la clémence et la magnanimité du Dauphin; mais qui n'en a pas moins creusé un précipice fatal pour la France. Quand je parle de *tout le monde*, je n'entends pas y comprendre cette colonie anti-française que vous composiez, et vous disiez vrai alors, de sept hommes par département, qui voulait qu'on décimât l'armée, qui demandait des catégories et qui les exécutait sous la puissance du fer ennemi; colonie que vous montez sur vos échasses romantiques pour la grandir; pour laquelle vous transformez le christianisme en roman, en faisant de la religion un poëme, et de notre langue un jargon, et que vous ne rendez importante qu'en l'accroupissant sous la politique russe. Mon *tout le monde* est la France qui a plus d'esprit que vous, qui en avait plus que Bonaparte, lequel en avait plus que vous; sans compter son génie, qui n'a rien de commun avec votre fantôme familier; de ce *tout le monde* enfin, qui, depuis le 14 juillet 1789 jusqu'au 31 mars 1814, a su prouver à toute l'Europe, même à l'autocrate de Russie, que la liberté est le premier besoin des peuples. Le gouvernement absolu est mort parmi nous, mort pour jamais. La génération de 89 et de 93 l'a tué; la pensée de le ressusciter ne saurait germer que dans l'âme de quelque scribe de Mazarin, de quelques flatteurs, de quelques jésuites qui n'osent encore avouer leur existence, et qu'on cache soigneusement, non dans les marais de Minturne, mais dans les catacombes de Mont-Rouge (1).

____

(1) Ils s'occupent des affaires profanes, sous le

On joue devant nous peuple, un drame
assez bizarre; nous devrions être assis au

———

prétexte des spirituelles, et ils gagnent plus d'argent
que d'âmes.

En 1765, un jésuite, nommé *Lavaur*, sollicitait
une modique pension de quatre cents francs pour
aller finir ses jours dans les rochers du Périgord, où
il était né; il mourut subitement, et on trouva dans
sa malle onze cent mille francs en or et en billets au
porteur. *Le pauvre homme!*

Il ne faut donc pas de loi pour recruter, loger et
nourrir cette milice papale. A quel siècle veut-on
nous reporter? Se repentirait-on d'avoir laissé adoucir nos lois et nos mœurs? Les hommes n'ont-ils
pas été assez long-temps gouvernés en bêtes farouches et par des bêtes farouches qui tiraient leur jurisprudence des lois ecclésiastiques? A la honte de
la patrie, de la raison et de l'équité, les procès fameux qui ont diffamé la France n'ont-ils pas été ins-
truits par des moines nommés par un pape? Le supplice d'Augustin de Thou et du maréchal de Ma-

moins au parterre , puisque nous payons ; mais il arrive dans la représentation de ce drame politique , ce qu'on voit tous les jours dans nos théâtres : les billets de faveur envahissent le parterre , et le public qui paie, obtient à peine trois bons billets.

M. le Vicomte de Châteaubriand parle à l'aristocratie dans les manifestes qu'il lui

---

rillac ; l'assassinat du maréchal d'Ancre, sa veuve livrée aux flammes comme sorcière ; vingt assassinats ou médités ou entrepris contre Henri IV, n'annoncent-ils pas autant de férocité que de légèreté et d'ignorance dans les esprits ? Remontez-vous des guerres civiles et de la Saint-Barthélemi aux calamités du siècle de François Ier, et de là jusqu'à Clovis : tout est sauvage.

Cherchez au fond des choses les causes de ces crimes et de la barbarie des peuples, et vous y trouverez des moines, toujours des moines.

adresse (1), comme aurait pu le faire un
duc de Bourgogne ou un duc d'Épernon;

---

(2) Vous, qui fouillez dans les vieux égouts de la
féodalité pour empoisonner vos contemporains,
écoutez un vieil historien du quatorzième siècle. Ce
passage est aussi instructif que la connaissance du
contrat de rente, de Philippe-Auguste :

« Dieu donnerait à un des méchans *Barons* (*)
»tout ce qui se trouve d'ici en Turquie sans pouvoir
»le satisfaire. Chez eux la méchanceté est en hon-
»neur, le courage et la courtoisie dans le mépris.....
»Ils sont plus avides de proie que les loups, et men-
»tent plus impudemment que des femmes perdues;
»on chassait, on pendait autrefois les voleurs, au-
»jourd'hui on en fait des baillis et des sénéchaux.....
»Lorsqu'un grand se met en route, la méchanceté

(*) L'avarice et l'insolence sont les vices ordinaires des
grands.

Avaritiam et arrogantiam præcipua validiorum vitia.
Tac., Hist. 1. *Naturalem nobilitatis superbiam.* Paterc.,
Hist. 2.

c'est étrangement se fourvoyer! Où sont
aujourd'hui les grands vassaux ? quel est

»le précède, l'accompagne et le suit; la convoitise
»l'escorte; l'injustice porte sa bannière, et l'orgueil
»est son guide..... Il fait une querelle à l'un; il
»chasse l'autre; il dit du mal de celui-ci, menace
»et frappe celui-là..... S'il donne une fête, c'est avec
»le produit de ses rapines. Ses rentes sont destinées
»à faire des guerres et des procès. S'agit-il de lever
»les aides qu'on lui doit, il bat et assomme les gens
»jusqu'à ce qu'il ne leur ait rien laissé : grêle, fa-
»mine, mortalité, rien n'est aussi à craindre pour
»eux ».

Et voilà l'âge d'or que nous vante sans cesse le
romantique auteur du couteau à deux tranchans,
intitulé : La Monarchie selon la Charte; et quand ce
Protée politique mêle adroitement les mots *liberté,
franchise*, avec les *fiefs* et les *varlets*, il trouve
encore un nombre infini d'idiots qui achètent son
orviétan.

Mais, dans quel vocabulaire cette Muse adulatrice

l'homme assez important en France pour
lever seulement . dix hommes contre la
couronne (1); le duc d'Orléans lui-même,

---

va-t-elle chercher les expressions serviles dont four-
mille son dernier écrit, si ce n'est dans les archives
du *mignonage* et de la noble prostitution des demoiselles *Pisseleu*, *Châteaubriant*, *Pompadour*
et *Dubarry*. Du moins, car il faut rendre justice à
tout le monde, M. de Villèle, en parlant finances,
politique ou monarchie, n'a jamais prostitué le caractère français; et M. de Corbière, lui-même, qu'on
dit être si bourru, vaut mille fois mieux, pour la
conservation des mœurs nationales, qu'un Narcisse
sexagénaire.

> Dieu fit la douce illusion
>
> Pour les jeunes fous du bel âge;
>
> Pour les vieux fous l'ambition,
>
> Et la retraite pour le sage.

(5) J'ai vu la France agitée par la fièvre républicaine au point que le député Grange-Neuve, honnête homme d'ailleurs, consentit à se laisser assas-

dont les ayeux troublèrent si souvent l'Etat,
n'est plus qu'un grand propriétaire ; il n'a

---

siner, pour que sa mort fût imputée à la Cour.
Voilà du fanatisme !

J'ai vu condamner à mort et exécuter un pauvre
paysan, pour avoir laissé échapper un soupir sur la
mort de son Roi ; ce ne fut pas un tribunal révolu-
tionnaire, ni une commission qui prononça cet exécrable arrêt, ce fut un tribunal criminel composé
d'anciens magistrats, dont deux vivent encore et
qui sont certainement la fine fleur du royalisme.

J'ai vu un jacobin fougueux, proconsul sangui-
naire, demander dix têtes parce qu'il avait aperçu
trois fleurs de lys sur la plaque de la cheminée de
la chambre où je suis né.

J'ai vu un tigre, à peine sorti de l'adolescence,
promener l'échafaud dans nos paisibles montagnes,
prostituer les femmes, les filles de ses victimes, en
recevoir de l'or et les punir de ce qu'elles avaient
payé en or, qu'il gardait, la rançon de leur père et
de leur fils.

plus de vassaux, il paye ses contributions comme nous; on sait seulement qu'il est

---

J'ai vu Thoas près d'égorger d'illustres victimes que les flots avaient jetées sur son rivage.

J'ai vu..... j'ai vu.....

Je vois les mêmes hommes épurer le royalisme en France, après avoir épuré pendant quinze ans l'impérialisme.

Faut-il les nommer? J'en viendrai là; en vérité leur insolence va trop loin.

Nous avons tous, enfin, la fièvre du royalisme. Dieu soit loué! je ne vois pas encore de Grange-Neuve parmi nous, mais je vois bien des gens qui crient à tue-tête, comme cette pie dont parle Tite-Live. Frappée de l'éclat des clairons de quelques légions romaines qui faisaient leur entrée triomphale, cette bête, naturellement babillarde, garda trois mois le silence le plus profond, mais au bout des trois mois, elle éclata, et reproduisit, au grand étonnement de ses auditeurs, toute la musique des clairons.

La seule chose qui m'embarrasse véritablement,

Altesse Royale. Je ne connais que les notaires de Paris qui soient encore assez ar-

---

c'est de concilier le ministère *mixte* de M. Salvandi, son éloquent tableau sur la suite de l'invasion de l'Espagne, avec son adoration pour M. de Châteaubriand, et l'éloge que font les Débats de la brochure intitulée le *Nouveau Règne.*

Grand Dieu ! s'il nous faut absolument opter entre les soliloques de Marie Alacoque, et les rêveries nébuleuses de la Doctrine, protège les premiers ; sottise pour sottise, j'aime mieux l'avaler toute crue : quel galimatias double, et tout ce fatras trouve des admirateurs !

Faites des romans, M. Salvandi ; trouvez un architecte et un charpentier et chargez-vous du badigeonnage.

Tout ce qui se passe, tout ce que je vois et tout ce que je lis, me fait sérieusement réfléchir à cette pensée de Montesquieu :

« La liberté n'étant pas un fruit de tous les cli
» mats, n'est pas à la portée de tous les peuples. »

riérés pour donner à quelque fils de Secré-
taire du Roi, du *haut et puissant seigneur,*
et pour mettre en vente dans les Petites-Affi-
ches (1) le marquisat de (2).... Il n'y a plus
qu'un haut et puissant seigneur en France,
qu'on appelle *Charles* X: Que Dieu lui
donne de longs jours et l'éclaire sur la per-

· Le travestissement si récent de M. de Châteaubriand en espèce d'homme libre, a produit déjà plus
d'effet que les remontrances fougueuses de 1787.
Prenez-y garde, M. le vicomte, nous qui ne jouons
pas la comédie, nous peuple, nous allons vite en
besogne. Demandez plutôt, non à Lazarille, mais à
l'ombre de Déprémesnil.

(1) 25 Juillet 1824.

(2) Enfin il se tint à la fille d'un marquis de je ne
sais quel marquisat, car c'est la chose du monde
dont je voudrais le moins jurer, en un temps où
tout le monde se marquise de soi-même, je veux
dire de son chef. *Scarron*, *ch. IX.*

fidie de l'antichambre (1)! Il faut autre chose que des pamphlets pour jouer le rôle de Charles-le-Téméraire. *Vociférons la*

----

(1) Le trône de France offre sans doute de grandes et nobles prérogatives, mais il y a un revers de médaille qui doit être bien ennuyeux. Au moment même où l'inexorable parque tranche les jours du Monarque, son successeur, son frère, son ami de soixante ans, son compagnon d'exil, peut à peine laisser un libre cours à sa trop juste douleur ; les soins de l'empire le réclament tout entier, et voilà qu'une troupe innombrable d'importuns viennent l'accabler sous le poids de leur prose nauséabonde. Bon, c'est l'usage, l'étiquette le veut, peut-être même le salut de l'État tient-il souvent à cette première communication du Monarque avec ses sujets. Mais que M. le vicomte de Châteaubriand choisisse ce moment pour réunir en un seul volume toutes ses œuvres politiques, et en accabler son nouveau Souverain, son maître ! c'est une félonie. Vous ne les lirez pas, Prince auguste.

paix (1), M. le Vicomte, et n'interrompons pas le *bruit du silence;* craignons surtout de réveiller ce vieux possesseur qui n'abdique jamais que conditionnellement, *sinè quâ non;* qui reste en France lorsque vous allez à Gand faire de la prose; qu'on n'exile pas sur le roc de S-Hélène; que Catherine de Médicis (1)

---

(1) Expressions de M. le vicomte, dans son discours explicatif des intentions d'Alexandre, à l'égard de l'Espagne.

(1) Catherine de Médicis, dont l'abominable politique avait corrompu l'heureux naturel de son fils. Peut-on, sans frémir d'horreur, penser à une femme qui imagine, compose et prépare une fête sur le massacre qu'elle doit faire, quatre jours après, d'une partie de la nation où elle règne; qui sourit à ses victimes, qui joue avec le carnage, qui fait danser l'amour et les nymphes sur les bords d'un fleuve de sang, et qui mêle les charmes de la musique aux gémissemens de cent mille malheureux qu'elle égorge.

fit égorger en partie, mais qui n'expira jamais tout entier sous le poignard d'un Ravaillac : le Peuple enfin, puisqu'il faut l'appeler par son nom.

Imposez silence à votre *Basile* politique, ce journal dont on peut dire ce que disait un médecin en buvant un verre d'eau de la Seine : C'est un extrait de tous les égoûts de Paris, même de l'Hôtel-Dieu. Défendez-lui de tuer désormais d'autres *De Serre*, et de tracer au même instant des quadrilles pour le voyage de madame, duchesse de Berry.

Jam Cytherea choros ducit Venus ,
Imminente luna ;
Junctæque nymphis gratiæ decentes ,
Alternum terram , quatiunt pede.

Dites-leur que la supposition de la mort de M. De Serre, de la part du ministère, pour l'empêcher d'être nommé député ; décèle le dernier degré de la démoralisation.

Dites-leur surtout que la Ligue avait des passions, et que les passions sont quelquefois excusables, mais qu'eux n'en ont pas. Indifférence, cafardise, intérêt et plaisir, voilà leur devise politique. Et vous, Rois, Ministres, Législateurs, constituez socialement quelque chose de durable avec de pareils ouvriers ! Je vous en défie (1).

---

(2) J'ai lu quelque part, « qu'en général les hom- »mes craignent plus d'obéir qu'ils n'aiment à com- »mander ». Tacite en jugeait autrement et connaissait le cœur humain. Si la maxime était vraie, les valets des grands seraient moins insolens avec les bourgeois, et l'on verrait moins de fainéans ramper dans les Cours des Princes. Il y a peu d'hommes d'un cœur assez sain pour savoir aimer la liberté. Tous veulent commander ; à ce prix nul ne craint d'obéir. Le plus petit de nos parvenus se donnerait

Si vous allez en Suisse, pour votre bonheur restez y.

. . . . C'est sur ces bords heureux,
Qu'habite des humains la déesse éternelle,
L'âme des grands travaux, l'objet des nobles vœux,
Que tout mortel embrasse, ou désire, ou rappelle;

cent maîtres pour avoir trois valets. Voyez à quel
point est poussée la fureur des livrées. J'ai rencontré dans la rue la femme d'un notaire, suivie d'un
valet en livrée bleue, chamarrée d'or; j'ai retrouvé
la même femme avec son mari, dans une calèche,
et trois laquais devant lesquels auraient pâli ceux
de madame la Dauphine. Voyez avec quelle emphase
le moindre boutiquier prononce ces mots; *service,
servir*. L'obligation où je suis d'aller à pied dans
Paris ne m'aigrit point contre les princes, les grands,
les magistrats, les braves qui portent à leur bouton-
nière le prix de vingt ans de service, et sur leur visage cicatrisé les preuves de leur courage et de leur
fidélité à la patrie : ce qui m'irrite, c'est un abbé
que j'ai rencontré souvent sur le boulevard Mont-

Qui vit dans tous les cœurs, et dont le nom sacré,
Dans les cœurs des tyrans est tout bas adoré,
La Liberté (1).

> *Sapere aude,*
> *Incipe : vivendi qui recti prorogat horam,*
> *Rusticus expectat dùm defluat amnis, at ille*
> *Labitur, et labetur in omne volubilis ærum.*

> Hor. liv. 1, Ep. 2.

Parnasse, qui joint toutes les manières d'un petit maître à l'éclat d'un grand seigneur. Un médecin qui fait payer à ses malades et sa voiture et ses chevaux ; un financier qui, avec son char doré, croit imiter un maréchal de France, comme Talma imite Régulus ou Caton ; des bourgeoises *de qualité* dont la fortune n'a point changé le caractère, dont l'âme est aussi roturière dans leur carosse qu'au fond de là boutique ou de l'étude du mari.

(1) *Postquam regum per pertæsum, leges maluerunt.* Voilà la liberté. Tac. arm. 3.

Tribunis reddita licentia, quoquo vellent populum agitandi..... Exiit continua per vi-

Ose être vertueux : commence. Celui qui diffère de bien vivre, fait comme ce paysan qui, ayant trouvé un fleuve sur son chemin, attendait de le voir écouler pour passer au-delà ;

Il attend ce moment ; mais le fleuve rapide
Continue à suivre son cours,
Et le suivra toujours.

Vous vous plaignez toujours, ou du moins vos familiers se plaignent de la médiocrité de votre fortune ; on vous range au nombre de ceux qu'un grand ministre appelait les *pleurards*, les *illustres nécessiteux*. A qui la faute si votre gousset ressemble au tonneau des Danaïdes ?

Bacon fut aussi fameux par le mauvais

---

ginti annos discordia, non mos, non jus, de-
terrima quæque impunè. Tac. his. 2. Voilà la licence.

état de ses affaires, que par l'éminence de ses talens; aussi ce grand homme ne faisait-il pas difficulté de dire qu'il avait commencé à vivre pour étudier, et qu'il finissait par étudier pour vivre. Bacon n'est pas le seul à qui cet aveu dût convenir.

C'est au sein de la pauvreté et d'une vie dure, que sont nés tous les chefs-d'œuvre faits pour triompher des injures du temps. Homère aveugle parcourt, en chantant ses vers, les bourgs de la Grèce, pour y mendier tout à la fois la gloire et quelque chose de plus solide. Il fallait que Virgile fût pressé par la faim, puisqu'il profana sa bouche jusqu'à prodiguer des éloges au lâche tyran de sa patrie. Quelle pauvreté plus grande que celle du Camoëns et du Tasse? Milton, qui a si fort illustré sa patrie, manquait de tout. Dans quel état de misère ne vécurent pas Corneille et La Fontaine, Ésope, Phèdre, Épictète, et tant d'autres !..... Rentre en toi-même, Auguste.

Prenez bravement votre parti, M. le Vicomte; relisez ce père éternel de la philosophie:

> *Sævius ventis agitatur ingens*
> *Pinus : et celsæ graviore casu*
> *Decidunt turres : feriunt que summos*
> *Fulgura montes* (1). Hor.

> *Sapiens, sibique imperiosus,*
> *Quem neque pauperies, neque mors, neque vincula*
> *terrent;*
> *Responsare cupidinibus, contemnere honorés*
> *Fortis, et in scipso totus terres atque rotondus,*
> *Externi ne quid valeat per læve morari,*
> *In quem manea ruit semper fortuna.*
>
> Hor. liv. 1.1. Sat. 7.

---

(1) Les plus hauts pins sont les plus tourmentés par les vents; les hautes tours sont celles qui s'écroulent avec le plus d'éclat : enfin, c'est sur les plus hautes montagnes que tombe la foudre.

Est-il sage et maître de lui-même, de sorte que l'indigence, les chaînes et la mort, ne l'effrayent point? A-t-il le courage de vaincre ses passions et de mépriser les honneurs? Ne dépend-il que de lui-même? Incapable d'être détourné du droit chemin, par des accidens externes, est-il toujours supérieur aux injures de la Fortune?

Un tel homme est cinq cents brasses au-dessus des royaumes et des ministères : il est lui-même l'artisan de son propre bonheur (1).

Sapiens post ipse fingit fortunam sibi.

Plaut. *in Trinummo*, act. 2, sc. 2.

---

(1) Je cherche dans tous les hommes qui ont illustré notre époque, celui qu'Horace peignait avec de si admirables traits; je ne vois que Carnot : oui, Carnot, Messieurs les *sauteurs* de tous les régimes, ce grand homme qui sut organiser la victoire, qui

L'archevêque de Toulouse, Montchal, rapporte que le cardinal de Richelieu jura

fut modeste au faîte du pouvoir, inflexible envers la tyrannie, inébranlable dans l'adversité ; cet homme, véritablement grand, offre au monde le modèle de l'élévation du génie unie à celle de la vertu. Je n'y vois d'autre tache que son vote dans le procès de l'infortuné Louis XVI.

Ce n'est pas dans les ordures appelées souvenirs historiques, que nous voyons malheureusement éclore chaque jour, et que vante bassement le *Journal des Débats*, que j'irai chercher le portrait de ce sage que nous eût envié l'antiquité, mais bien dans les annales de nos ennemis, que son génie combattit à la tête de quatorze armées.

Voilà ce portrait extrait de la Biographie allemande du docteur Kocute :

« Carnot est d'une haute stature, et son maintien est plein de noblesse : les traits de son visage sont expressifs et réguliers ; son front est large et élevé ; ses yeux bleus, vifs et remplis de sagacité ; son nez

sur l'hostie une amitié et une reconnaissance inviolable au surintendant *Lavien-*

---

bien formé et un peu aquilin ; ses lèvres sont fines et
sa bouche porte le trait d'une sérénité bienveillante.
Il parle vite et avec feu ; son élocution est toujours
claire, ornée de saillies et d'un charme entraînant.
Souvent les muscles de son front mobile semblent
exprimer d'avance ses pensées. Il s'épanche volontiers dans la conversation ; et quoique sa bouche pa-
raisse être sous la surveillance d'un œil pénétrant,
cependant l'étranger lui-même recueille plus qu'il
n'oserait attendre. L'expression de son visage est un
paisible sentiment de lui-même ; ingénieux, moins
circonspect que plein d'assurance, point défiant,
mais scrutateur. Souvent son front décèle un mouvement subit de vivacité ; mais le calme de ses yeux
est inaltérable, et l'agrément de sa bouche n'est jamais troublé.

« Après avoir étudié sa vie, voici l'idée que l'on
prend de son caractère : Carnot est un homme juste
et vertueux, simple et modéré dans ses besoins,

ville, dont la Reine s'était servie pour vaincre la répugnance que le Roi avait pour

grand, sublime dans ses conceptions pour la gloire de sa patrie, amant idolâtre de la liberté, et citoyen soumis aux lois; animé d'un zèle ardent pour les sciences, il cultive la poésie avec enjouement et sans prétentions; ami des plaisirs avoués par les sages, il est infatigable et plein d'ordre dans les affaires; d'une justice exacte, sans acception de personnes; patient et indulgent envers les autres; il est sévère envers lui-même, désintéressé jusqu'au scrupule, et n'ayant d'autre pensée que celle du bien public; audacieux dans la guerre, courageux avec sang-froid, doué d'une admirable présence d'esprit. Comme César, il oublia tous les outrages, et ne les vengea point ainsi que Napoléon; mais on ne le vit jamais perdre de vue l'homme qui lui avait rendu service. Tout désir de puissance ou de fortune lui étant étranger; la loyauté la plus délicate avait pris racine dans son âme; la feinte et l'orgueil ne lui étaient connus que de nom.

le Cardinal. Ce surintendant fut écrasé le premier, et le serment sur l'hostie ne le

---

Modeste dans la prospérité, il se montra *grand, inébranlable dans les revers.* Son ambition est pure ; elle ennoblit tous les degrés de l'échelle qu'il monta et descendit tour à tour. Doué d'un sens exquis pour *l'honneur,* il n'en avait point pour les *honneurs ;* les dignités ont moins versé d'éclat sur lui qu'il n'en a versé sur elles. Après avoir été membre de l'Assemblée nationale, de la Convention et du Directoire, lieutenant-général, ministre de la guerre et de l'intérieur, comte et pair de France, grand-officier de la légion-d'honneur, et membre de l'Institut, nous le voyons aujourd'hui dépouillé de toutes ses dignités, proscrit et jouissant d'une fortune extrêmement bornée ; nous le voyons, dis-je, l'objet de l'estime et de la vénération des hommes, de tous les amis de la gloire et de la vertu, des sciences et de la liberté, l'objet des regrets et du juste orgueil de sa patrie. »

Pilez, repilez, broyez, *miscuit,* mêlez ensem-

sauva pas. Où en seraient les peuples, si les ministres ne se trahissaient pas quelquefois? Notre ennemi, c'est notre maître.

Il ne faut pas croire que les quatre grandes époques qui ont marqué l'apogée de l'esprit humain, *Périclès*, *Auguste*, *Léon X* et *Louis XIV*, aient été exemptes de malheurs et de crimes. La perfection des arts, cultivés par des ci-

---

ble, *Messieurs des Débats*, l'Histoire des dîners et des soupers de l'armée de Condé, par M. le marquis Degvilli; les Souvenirs d'un officier royaliste; l'Histoire de tous les cafés et de tous les tripots de Hambourg et de Francfort! joignez y l'Histoire de toutes les antichambres de l'Europe : si vous en tirez un trait de la figure de Carnot, je proclame votre probité politique.

Lecteur français et patriote, relis cet admirable portrait; il reproduit tout à la fois Socrate, Thémistocle et Camille.

toyens paisibles, n'empêche pas les princes d'être ambitieux; les prêtres, d'être remuans. Tous les siècles se ressemblent par la méchanceté des hommes.

J'avais cru, pendant quelque temps, que Napoléon, et Christophe son singe, en faisant des comtes de Marmelade et de Limonade, achevaient par le ridicule ce que la liberté avait commencé par la raison. Je me suis trompé sur ce point comme sur tant d'autres (1). La sottise et

---

(1)   La grandeur insultante
Porte de l'épaule au côté,
Un ruban que la vanité
A tissu de sa main brillante.
La fortune insolente
Repousse encore avec fierté
La prière humble et tremblante
De la triste pauvreté.

12

la vanité ont d'éternelles racines , et je
reconnais que les rois ont raison de les
exploiter. Si le Diable , qui ne peut pas
être plus noir que Christophe ne l'était,
vendait des lettres de Baron et des Cordons, il trouverait des amateurs dans
notre vieille et très-vieille France. *Louis
XIV* qui aurait dévoré les mines du Po-
tose, s'imagina de payer le sang des braves
avec un hochet, la pensée était grande.
Chamillard et madame de Maintenon en
abusèrent; ce n'était pas la faute du Monarque; mais qu'aurait dit ce grand Roi,
si on lui eût présenté au même instant *Du-
guay-Trouin* et quelque *marin d'eau
douce,* décorés tous les deux de la croix
de Saint-Louis (1) ? Combien avons-nous

---

(1) S'il faut en croire le moine anglais Mathieu
Pâris , le père de notre grand Saint-Louis serait

vu de chevaliers qui n'ont bu le *punch*
qu'à bord du *Tortoni*, et qui ont fait pis
encore?... *Sic vos nos vobis.*

---

mort d'un excès de continence. « Ses *chambriers*
»introduisirent auprès de son lit, tandis qu'il dor-
»mait, une jeune fille d'une rare beauté, à qui ils
»recommandèrent de bien dire qu'elle ne venait pas
»le trouver *pressée par d'impudiques désirs, mais*
»*uniquement par le motif généreux d'une su-*
»*jette qui serait charmée de conserver une vie*
»*si précieuse à l'Etat.* Louis, en s'éveillant, de-
»manda d'un air gracieux à cette jeune personne, ce
»qu'elle voulait; elle le lui fit entendre par sa rou-
»geur, son embarras et quelques mots faiblement
»articulés : *Non, non,* dit-il, *j'aime mieux mou-*
»*rir.* Il fit éloigner le remède, mais en recomman-
»dant à Archambault de récompenser la bonne vo-
»lonté et de marier honorablement la *gentille pu-*
»*celle.....*

Guillaume de Puilaurens, auteur contemporain,
confirme ce trait et le raconte ainsi : *Sextuus Ar-*

Et voilà que M. le Vicomte trouve qu'il
n'y en a pas assez, il faut que le Roi aille à

---

*chambaldus de Borbonio posse juvari regem
amplexu fœminæ, quæsitam virginem specio-
sam a generosam, atque edoctam regi se offerret
et loqueretur, quod non libidinis desiderio, sed
auditæ infirmitatis auxilio advenisset, dor-
miente rege, a cubicalariis ejus, de die fuit in
thalamen introduci; quam rex evigilans, cum
vidisset aspirantem, quæsivit quæ esset et quá-
liter introesset? quæ, sicut edocta erat, ad quid
advenerat, reseravit; cui gratiatus rex ait:
non ita erit puella; non enim pecarem morta-
liter ullo modo.* Guil. de Podio Laurentii, cap. 56.

Voilà du moins de la prose dépouillée d'artifice,
et que M. le Vicomte devrait imiter lorsqu'il parle
des infirmités des maîtres du monde. Je me plais à
lire ces vieux chroniqueurs des allures, des défauts
et des brillantes qualités de nos ayeux; leur naïveté
me charme, et quand je lis les brochures du noble
pair, je crois voir madame Dubarry frisant son singe

Reims tout exprès pour décrasser des financiers. Si du moins chacun des sots qui se
feront débarbouiller versait cent mille
francs dans le trésor, M. de Villèle n'aurait pas besoin de réduire la dette consolidée, et la sottise serait bonne à quelque
chose.

—————————

devant Louis XV, ou épuisant la boutique d'un par-
fumeur,

Pour réparer des ans l'irréparable outrage.

Le traité de Brétigny, 8 mai 1360, commence
ainsi :

« Comme par les guerres sont souvent advenues
batailles mortelles.

« Occision de gens.

« Péril des âmes.

« Défloration de pucelles et de vierges.

« Déshonestation des femmes mariées et des veuves, etc. »

Je vous préviens d'avance, M. le Vicomte, si vous obtenez ce débarbouillage, faites doubler les bâtimens de Charenton, car sur trois ambitieux que j'ai vu nettoyer, l'un est fou et l'autre imbécile.

Votre style est si pompeux; sous votre plume les plus petits objets prennent une telle importance, que le décrassement que vous voulez faire faire à Reims de nos modernes *Turcarets*, m'a presque effrayé; je crois voir l'ombre des *quatre Barons...* du Périgord. J'ai cependant voulu savoir au juste comment se transmet, dans les races anoblies, le précieux sang du dernier vilain, et j'ai fait une *liquidation*, comme naguère je fis un *inventaire*.

On conviendra que le fils d'un vilain décrassé n'appartient que pour moitié à la famille de son père, l'autre moitié appartient à la ligne maternelle; ainsi, quand le

fils entre dans une autre famille, la part du
père de celui-ci sur son petit-fils n'est que
de 1/4, sur l'arrière-petit-fils de 1/8, à la
génération suivante de 1/16, ensuite de 1/32,
et progressivement ainsi; de sorte qu'en
neuf générations, qui embrassent à peu
près trois cents ans, la *savonnette à vilain*
ne participera que pour 1/512 dans le che-
valier existant alors; ce qui, en admettant
comme indubitable la fidélité des femmes
(1) pendant neuf générations, mérite si peu
de considération, qu'il n'est pas un homme
raisonnable qui, pour un si mince avan-

---

(1). Et comment savez vous si quelqu'audacieux
  N'a point interrompu le cours de vos aïeux;
  Et si leur sang tout pur de noblesse en noblesse,
  Est passé jusqu'à vous de Lucrèce en Lucrèce.
       BOILEAU, Sat. v.

tage, voulût encourir la *gouaille* de ses contemporains (1).

Dites-moi, grand héros, esprit rare et sublime (2),
Entre tant d'animaux, qui sont ceux qu'on estime?
On fait cas d'un coursier qui, fier et plein de cœur,
Fait paraître en courant sa bouillante vigueur :
Mais la postérité d'Alfane et de Bayard,
Quand ce n'est qu'une rosse, est vendue au hasard,

---

(1) Du temps de la Jacquerie, les paysans révoltés faisaient aussi des nobles. « Ils ne violaient, disaient-ils, les filles et les femmes de la noblesse, qu'afin qu'il y eût plus de nobles; et les moines de leur parti, vu l'intention, leur donnaient l'absolution ».

(2) *Die mihi teucrorum poles; animalia muta*
Quis generosa putat, nisi fortia? nempe volucrem
Sic laudamus equum, facili cui plurima palma
Ferret et exultat runco victoria circo.
Nobilis hic, quocumque venit de gramine, cujus
Clara fuga antè alios et primus in æquore pulvis.

Juvén., Sat. VIII.

Sans respect des aïeux dont elle est descendue.
Et va porter la malle ou tirer la charrue.

Boileau, sat. v.

En relisant votre avant-dernier écrit, M. le Vicomte, il a produit sur moi un singulier effet; j'ai cru voir un tailleur de campagne, qui s'obstine à vouloir faire une culotte neuve avec un vieux pantalon.

Vous aviez cependant l'air, à cette époque, de reculer devant votre propre ouvrage; vous cherchiez le repos. On ne s'arrête pas sur le chemin où vous vous êtes volontairement placé (1). Vous avez trop bien

---

(1) *La fama ch'invaghisa a un dola suono*

Gli superbi mortali, e par si bella,

E un echo, un sogno, anzi d'un sogno un'ombra

Ch'ad ogni vento si dilegna e sgombra.

T. Tasso, nella Gierusal., lib. cant. xiv,
stanz. 63.

La Renommée qui, par la douceur de sa voix,

parlé la langue des passions, pour que les passions vous abandonnent : elles iront vous chercher sur votre lit de mort.

J'ai écrit quelque part : « Avec un levier » suffisant, d'un doigt on peut ébranler le » monde ; mais il faut les épaules d'Hercule » pour le supporter. » Je pensais à vous et à vos *proclamations* en écrivant cette phrase.

Certes, Napoléon, malgré tout son génie, a exécuté de bien folles pensées ; mais vouloir obstinément marier les Jésuites avec la liberté.... à vous le *pompon*, M. le Vicomte (1). Ah ! s'il suffisait de mettre en paroles

enchante les superbes mortels et paraît si ravissante, n'est qu'un écho, un songe, ou plutôt l'ombre d'un songe, qui se dissipe et s'évanouit en un moment.

(1) Veut-on voir un échantillon de la bonne foi politique de M. Châteaubriand et de son amour pour la Charte ? on n'a qu'à lire attentivement son dernier écrit sur l'abolition de la censure, surtout

ce qui manque en génie, vous seriez assurément un grand homme; mais depuis que votre *Blague* politique s'est avisée de découvrir les destinées des peuples dans la couleur des yeux ou des cheveux d'un prince que le hasard seul place à la tête de la politique européenne, j'ai entendu de belles paroles, mais je n'ai point vu de grandes actions. J'ai vu nos guerriers s'imputer mu-

---

le passage où il compare la réunion du Champ-de-Mars en 1789, à la dernière revue du Roi.

M. le Vicomte, comparaison n'est pas raison. La nation française demandait en masse au 14 Juillet 1789, les principes que consacra la Charte. Elle ne voulait pas autre chose. Il lui a fallu trente ans de guerre contre vous, vos pareils, et toute l'Europe, pour les obtenir.

Et ce passage : « La monarchie a fait deux siècles depuis la mort de Louis XVIII. » Vous avez trop d'esprit, M. Desmazures.

tuellement des erreurs ou des torts, et ces malheureuses disputes, tantôt le principe et tantôt la suite de nos revers, affliger la patrie sans l'éclairer, et ajouter à la sensation du mal l'incertitude de la cause qui en éloignait le remède. J'ai vu cet honneur national, qui repose peut-être sous le chaume du soldat laboureur, abandonner insensiblement cette partie de la nation française, qui se montre, qui s'agite, qui communique le mouvement au corps politique, et qui malheureusement éblouit les peuples par son éclat, et les entraîne par son exemple. J'ai vu le Français publier lui-même ses disgrâces, et n'en plus rougir; pleurer la perte de ses richesses se consoler de celle de ses armées, et, ce qui est peut-être le dernier période du mal, forcer sa raison à justifier par des sophismes l'indifférence qu'il a témoignée pour son pays. J'ai vu la

licence crier au despotisme; attaquer l'autorité par des murmures, et par quelque
chose de plus; l'arrêter par des défiances;
l'embarrasser par des obstacles, substituer
des précautions à des devoirs, l'intérêt des
partis à celui de l'État. J'ai vu les lumières
des hommes supérieurs refroidir la chaleur
du zèle patriotique; l'esprit analyser les lois
parce que le cœur avait cessé d'admirer.
J'ai vu enfin les mœurs nationales anéan-
ties et remplacées par des plans de finances
et de morale; et lorsque la patrie demande
des secours, je n'entends que des voix qui
lui offrent des systèmes. Français! l'amour
de la patrie, les préjugés mêmes de vos
aïeux, soit pour leurs Rois, soit pour la liberté, valaient mieux que votre philosophie spéculative. L'histoire et mes propres
yeux m'ont appris que vous étiez alors des
héros, et je ne vois que de l'égoïsme, de

l'adulation, une soif d'intérêt qui démora-
lise tout, une noblesse de garde nationale
ou d'antichambre, et une rage d'isolement
qu'on appelle la sagesse.

La vivacité naturelle à notre nation, nous
emportera toujours à l'une ou à l'autre ex-
trémité. Nous venons d'en faire la double
expérience en politique. En morale, c'est
la même chose : la superstition ou l'incré-
dulité, le fanatisme ou une sacrilége indifférence ; nos mœurs ne sont pas aussi rudes,
aussi farouches ; mais la mollesse a tout
énervé (1). L'humanité avait fait quelques

---

(1) *Nemquam naturam mos vinceret, est enim ea
semper invicta : sed nos umbris, desitiis œtio, lan-
guore, desidia, animum infecimus : opinirribus ma-
lique more delinitum mollivimus.* Cic. , Tusc., liv. v,
ch. 27.

La coutume ne l'aurait jamais emporté sur la
nature, qui est toujours invincible ; mais notre ju-

progrès, mais notre sensibilité, à force de s'étendre, s'est anéantie. Nous voulons aimer tout le genre humain, et, malgré les protestations contraires, je soutiens qu'on n'aime réellement ni le Roi, ni la patrie.

« *Ce n'est pas sans esprit que Jocrisse est si bête,* » disait un homme de sens en entendant l'acteur *Volange* débiter ses *Jocrisseries.* Seriez-vous sérieusement *niais* à force d'esprit, M. le vicomte? ou bien, nous prenant pour des *grues,* voudriez-vous nous persuader que vous êtes resté deux ans au pouvoir en *bon homme,* sans vous apercevoir du *mens agitat* jésuitique? Et si par hasard vous disiez vrai, que prou-

gément ayant été empoisonné par les délices, la mollesse, l'oisiveté, la paresse et la lâcheté, nous l'avons amolli par des opinions extravagantes et de mauvaises habitudes.

veriez-vous ,. sinon votre incapacité ministérielle? Les *Fées* et les *Grâces* ont en vain
entouré votre berceau , puisqu'au *fait* et
au *prendre*, vous pâlissez devant M. Franchet. Oui, devant M. Franchet, plus habile
à faire circuler clandestinement la bulle de
1815, que vous ne l'avez été dans le cours
de toute votre carrière politique, et qui
expliquerait mieux les causes secrètes de
votre sortie du ministère, qu'il ne compo-
serait un poëme épique, même en prose.
Felix qui potuit verum cognoscere causas.

Vous avez écrit dans votre dernière brochure : « On serait tenté de croire, pour
» s'expliquer des choses inexplicables, ce
» que disent des *esprits chagrins* (1) , sa-

______

(1) *Non enim Gazæ , neque consularis*
 Summor et lictor miseros tumultus
 Mentis , et curas laqueata circum
 Tecta volantes.   Hor., liv. ii , od. 16.

» voir, que des sociétés mystérieuses pous-
» sent à la destruction de l'ordre établi. »

Cara innocente ! pauvre innocent ! des
esprits chagrins !... Vous étiez donc entré
dans un ministère sans vous en douter?
Vous n'avez donc jamais lu *le Mémorial
catholique,* qui place les enfans de Loyola
« à la tête des institutions les plus utiles
» que les gouvernemens puissent appeler
» au secours de la société. »

» Les Jésuites, dit ce *Mémorial,* forment
» une monarchie; ils ne sont pas seulement
» unis, ils sont *un.* Il est impossible que
» cette Société prodigieuse ne soit pas des-
» tinée à jouer un grand rôle dans la res-
» tauration de l'ordre social. »

Les trésors et les dignités ministérielles ne dissi-
pent point des cruelles agitations de l'esprit, ni des
soucis qui voltigent autour des lambris dorés.

13

Comment pouviez-vous ignorer, M. le vicomte, que nous avions en France deux monarchies : celle de nos Rois et celle des *solipses* (1)? que l'abbé de la Mennais revendique les droits de cette dernière, et cherche à replacer le trône de France sous la tutelle d'un Pape?

Comment pouviez-vous ignorer que tous les imprimeurs de Paris tremblent au seul nom d'un jésuite (2)?

---

(1) *Monarchia solipsarum.* Venisa 1645.

(2) Un de ces *pauvres diables* qui, depuis dix ans, se sont mis à la solde de l'aristocratie et du clergé, eut le malheur, il y a quelques jours, de glisser une seule phrase dans la Quotidienne sur la vraie noblesse : celle du génie. Un hobereau de province se plaint de cette incartade, et prouve à sa manière, que le cheval d'un marchand de salade, dont l'aïeul avait eu l'honneur de traîner madame Dubarry, vaut mieux que celui qui vient de rem-

Vous n'avez pas lu *les Soirées de Saint-Pétersbourg ;* le nouveau *Loyola De Meslre* vous est inconnu ! Lisez ce livre régicide, qui compte à peine dix ans d'existence; tout y est prévu, depuis le formulaire dont les peuples ont besoin pour détrôner leurs rois, jusqu'aux fonctions du bourreau.

Vous connaissez aussi bien, et peut-être mieux que moi, toutes ces choses-là, M. le Vicomte; mais comme la Compagnie de Jésus recrute avec succès dans votre propre parti, et que c'est elle qui a fait les dernières élections, ne voulant pas vous brouiller

---

porter le premier prix aux courses du Champ-de-Mars. Et la Quotidienne désavoue son collaborateur, fait amende honorable, et prouve à son tour que pour être honnête homme, il faut nécessairement une *savonette à vilain.*

ler tout-à-fait avec vos anciens *hommes
liges*, vous jouez la surprise.

« Je ne parlerai pas de ces grandes cor-
ruptions qui, dans tous les temps ont été
le présage du changement ou de la chute
des états, de ces injustices de dessein formé;
de ces méchancetés de systèmes; de ces
pouvoirs exercés au milieu des reproches;
des murmures et des craintes de tous les
citoyens, contre des pouvoirs pareils : contre des hommes si funestes, il faudrait un
tonnerre! La honte et les reproches ne sont
rien. » *Montesquieu.*

Je me plaindrais seulement, si j'avais à
me plaindre, de tous ces polissons politiques qui, depuis dix ans, ont exploité la
France à leur profit, qui pour avoir tourné
casaque et crié *vive le roi* le lendemain de
la chute de Bonaparte, se sont cru tout permis. Délation, arrogance, orgueil, vol,

injures, jusqu'à des conspirations suppo-
sées, pour prouver leur zèle de si fraîche
date.

Je n'aime pas les jésuites, « mais la Pro-
» vidence ne tient-elle pas des héros en ré-
» serve pour notre bonheur et notre gloire ?»

» N'amena-t-elle pas comme par la main
» des extrémités de l'Afrique, un de ces
» hommes puissans en œuvres, qui, destinés à
» la *représenter sur la terre*, apparaissent
» pour tout rétablir quand tout semble dé-
» sespéré ? »

Lorsque cet homme *puissant en œuvres*
eut laissé geler ses armées, la Providence
ne vous ordonna-t-elle pas de quitter vos romans pour faire de la politique, contre *cet*
ogre, cet excommunié, ce Néron (1) ?

---

(1) Il paraît que l'Empereur de Russie et le

Et qui sait si cette même Providence n'a

---

grand *Vestris* (*) de la politique sont *en froid*, car le *Journal des Débats* vante aujourd'hui l'ordonnance d'Andujar, et va chercher sur le roc de Ste-Hélène un nouvel auxiliaire pour soutenir les prétentions ministérielles de M. le Vicomte. Mais Bonaparte a dit le mot : « *Ce n'est pas la langue de Racine, c'est celle du Prophète* ». Nous n'avons pas dit autre chose; nous avons seulement voulu établir que la langue d'un Prophète et le style de l'Apocalypse n'étaient pas propres pour constituer un ministre.

Un simple pilote de bateau qui sait éviter les lames à mesure qu'il les aperçoit, vaut encore mieux qu'un *grand Prophète* qui, depuis son *grand voyage de Gand*, n'a pas su éviter les lames qui l'ont deux fois submergé,

> Je ne sais point au ciel placer un ridicule,
>
> D'un nain faire un Atlas, et d'un ..... un Hercule.
>
> BOILEAU, Disc. au Roi.

(*) Tout le monde connaît le sot amour-propre de ce danseur et les trois grands hommes : lui d'abord, Frédéric et Voltaire.

pas suscité le *silence* d'un commis aux portes pour vous servir de *rabatjoie* (1).

---

(1) *Et mali consultis pretium est, prudentia fallax,*
Nec fortuna probat causas sequitusque marentes :
Sed vaga per cunctos nullo discrimine fertur.
Scilicet est aliud quod nos cogitque regitque
Majus, et in proprias ducat mortalia leges.

MANIL., liv. IV, v. 95 etc.

Les mesures mal prises ont aussi leur prix : la prudence nous trompe, et la fortune ne favorise pas toujours le parti le plus raisonnable, mais va sans choix, errant de l'un à l'autre. C'est qu'il y a une puissance supérieure qui nous maîtrise, et qui tient sous sa dépendance toutes les choses mortelles.

« Certes ce n'est pas peu de chose que d'avoir à
»régler autruy, puisqu'à régler nous-mêmes, il se
»présente tant de difficultés. Quant au commande-
»ment qui semble estre si doux, considérant l'imbé-
»cilité du jugement humain, et la difficulté du choix
»ès choses nouvelles et douteuses, je suis fort de

Les Espagnols dans leurs féroces combats de gladiateurs à cornes, prennent fait et cause pour le taureau contre le *piccadore* mal habile, et lorsque cet homme provocateur se laisse tuer par l'animal en furie, ils applaudissent en criant *bravo taureau*. En lisant le Moniteur qui contenait votre destitution, reconnaissant visiblement le doigt de cette Providence que vous avez si soúvcht invoquée, je me suis écrié *bravo F*.......

Les jésuites tirent les marrons du feu avec les pates de ces crieurs publics qui, depuis dix ans nous assourdissent. Ils peuvent régner en France pendant quinze à vingt ans, jusqu'à la majorité) du duc de Bordeaux, mais alors il faudra en *découdre*.

»cet advis, qu'il est bien plus aisé et plus plaisant
»de suivre que de guider. »

MONTAIGNE, liv. 1, ch. 42.

La première campagne de cet auguste enfant sera dirigée contre le Vatican, non pour reconquérir les droits de ses aïeux sur le Milanais, mais pour arrêter l'insolence de quelque *Sixte-Quint*, et peut-être le poignard d'un nouveau Ravaillac. *Heu ! Miserandæ puer si.... tu Marcellus eris.*

De bonne foi, monsieur le Vicomte, croyez-vous sérieusement qu'une tête plus poétique que politique, qu'une plume aussi *indiscrète* que la mienne (1), puissent constituer un premier ministre ? M. Pitt écrivait mal, et le cardinal de Richelieu faisait de mauvais vers : on peut être bon rhéteur, et n'être qu'un très-mauvais ministre. Pourquoi ce roi (2), devant la sagesse duquel vous vous prosternez politiquement,

______

(1) Et ce n'est pas peu dire.

(2) *Pessimum inimicorum genus laudantes.*

TAC , Vie d'Agricola.

vous a-t-il chassé deux fois de ses conseils ?
Il était cependant de taille à apprécier le
mérite d'un littérateur. Ressembleriez-
vous à ces instrumens à vent qui pour
plaire ont besoin de l'éloignement.

Du moins M. de Villèle se trompe avec
des chiffres, et les chiffres portent en eux
leur correctif. *Auguste* dit à *Cinna* dans
la tragédie de ce nom :

D'un étrange malheur le destin la menace,
S'il faut qu'après ma mort tu prennes ici ma place.

Si j'étais roi, je voudrais être juste, et
je vous ferais mon historiographe. Je vous
chargerais d'enluminer les anciennes et les
nouvelles infirmités de la monarchie. Déjà
sous votre plume la mort ressemble à la
vie; vous avez transporté dans le domaine
des Muses tous les secrets de la chimie.
Bossuet, *Fléchier*, *Bordaloue*, *Mas-
sillon*, ces vieux rabacheurs qui osaient

immoler l'orgueil des grands devant le
néant des choses humaines, pâlissent devant vos madrigaux apostoliques. Tout est
grand , tout est sublime ; et bientôt la Majesté Divine reculera en rougissant devant
la bigarrure de vos éloges , et l'idolâtrie
intéressée de vos mobiles adorations.

Détestables flatteurs, présent le plus funeste
Que puisse faire aux Rois la colère céleste (1).

---

(1) L'acte de décès du Roi que nous pleurons,
porte qu'il est mort dans la trente-deuxième année
de son règne.

Dans son écrit intitulé : *Le Roi est mort, vive
le Roi!* M. de Châteaubriand se vante de nous avoir
appris en 1814 le nom et l'existence de nos princes.

Beaucoup de gens ont admiré ce trait de courtoisie, qui ne m'a paru qu'une pure impertinence.

La Quotidienne appelle les écrits de M. le Vicomte,
des *proclamations*.

Surtout, si j'étais roi, descendant de *Hugues Capet* qui régnait au neuvième siècle, je prierais mon historiographe de ne pas appuyer les droits de ma race sur le *beau titre* de propriété par lequel *Philippe-Auguste* acquit *moyennant rente* en 1214, le terrain du *Champs-aux-Loups*(1), et le titre nouvel qu'est-il devenu ? Les hommes qui ont la manie de vouloir faire du neuf avec du vieux, disent quelquefois d'étranges choses.

Et de quel droit M. de Châteaubriand nous adresse-t-il des proclamations ? Qui peut et qui doit nous faire des proclamations en France ? Ces gens-là crient pourtant tous les jours avec raison contre l'anarchie.

(1) *Tun vetuse auriculis alienis colligis escas ?*

PERS., sat. I.

Vieux radoteur, ne travailles-tu que pour amuser et entretenir la populace ?

Allez, monsieur le Vicomte, si je ne craignais d'effaroucher la nerveuse susceptibilité de nos politiques, je répondrais par une seule phrase de *Molière*, à tous ces jolies *riens* dont vous farcissez vos écrits.

NOTE.

(5) L'historiette du *Etait titré de propriété* n'est pas même exacte; il n'est pas vrai que Philippe-Auguste ait acquis, moyennant rente, le terrain sur lequel est bâti le Louvre. La rente des moines de Saint-Denis remontait aux premiers évêques, et, comme les moines ne craignaient pas les rois, ils avaient eu soin de constater leur suzeraineté sur le Louvre par des titres nouvels. Dagobert mettait ses chiens, ses chevaux de chasse et ses piqueurs dans le Louvre. Les rois fainéans y allaient après leur dîner se promener *en coche dans la forêt* qui couvrait tout ce côté de la rivière. Philippe ne fit donc qu'user du droit de ses aïeux sur ce terrain, en y faisant construire une prison d'état au milieu de la cour, pour y renfermer trois comtes de Flandre.

Un titre de propriété que M. le Vicomte aurait dû choisir de préférence, c'est celui des terrains de l'Arsenal, que François Ier emprunta au prévôt des marchands, pour y fondre du canon, et qu'il ne lui rendît plus. On trompait *alors* plus facilement les *échevins* que les moines.

En voici la preuve : Le roi Louis VII fut surpris de la nuit et obligé de coucher dans le village de Creteil, dont les chanoines de Paris étaient seigneurs; il y soupa, et les habitans en firent la dépense. «C'en »est fait, dirent les chanoines, nos priviléges sont »perdus; il faut que le Roi rende la dépense *ou que* »*les offices cessent dans notre église.* »

Le Roi vint à la cathédrale dès le même jour, sui-vant la coutume où il était d'y aller tel temps qu'il fît. Il trouva la porte fermée, en demanda la raison et on lui répondit : « Contre les coutumes et liber-»tés sacrées de cette sainte église, avez soupé hier »à Creteil, non à vos frais mais à ceux des hommes » de cette église; c'est pour cela que l'office a cessé »ici et que la porte est fermée. »

Le Roi resta en prières devant la porte, donna caution pour le dédommagement, remit en gage deux chandeliers d'argent, et pour marquer, par un acte extérieur, qu'il voulait sincèrement payer la

dépense; il mit de sa propre main une baguette sur l'autel, sur laquelle on écrivit « qu'elle avait été of-
» ferte en mémoire de la conservation des libertés
» de l'Église. »

Cette prose est assurément moins bien *cadencée* que la vôtre, M. le vicomte; mais c'est de l'histoire toute pure.

Les moines ont toujours montré une délicatesse extrême pour tout ce qui concernait leurs intérêts. Dans un temps de famine, le Roi de France, pour nourrir les pauvres, fit enlever les lames d'or qui couvraient les tombeaux de Saint-Denis : c'était une action charitable et digne d'un grand roi, mais en même temps c'était toucher au trésor des moines. Ils dirent tout haut que ce prince était abandonné à toutes sortes de vices, un débauché, un ivrogne, un brutal, un homme sans cœur, qui, pendant sa vie, n'avait fait aucune action d'un homme de bien. Quelque temps après ils obtinrent en dédommagement pour cette même abbaye une exemption de toute juridiction; alors la scène changea, et ces mêmes moines publièrent partout que ce prince était un grand roi, sage, vaillant, brave, équitable, plein de religion, et très-agréable à Dieu.

Décidément il n'y a rien de nouveau sous le soleil, *nihil sub sole novum*. J'ai vu l'aristocratie française se conduire en tout point, pendant le règne qui vient de finir, comme les moines de St-Denis.

Première époque.

La Charte.

Ordonnance du 5 septembre.

M. Decazes.

Loi du 5 février sur les élections.

Deuxième époque.

Nouvelle loi des élections.

Ministère Villèle.

Espoir donné aux émigrés pour l'indemnité.

Monument de Quiberon.

Vers la fin, les retardataires, les incurables, ne parlaient plus que d'une philosophie mitigée. Et puis prenez pour argent comptant la dernière et brillante improvisation d'un ministre en retraite.

Un peu de philosophie, a dit un homme célèbre, mène à l'athéisme ; beaucoup de philosophie ramène à l'existence de la Divinité. C'est qu'un peu de philosophie produit l'orgueil, qui ne veut rien souffrir au-dessus de soi, et que beaucoup de philosophie découvre à l'homme des faiblesses en lui-même, et hors de lui des merveilles qu'il est forcé d'admirer.

Niér Dieu, c'est nier l'existence de la nature ; car les lois de la nature sont la sagesse Suprême elle-même. Qu'est-ce que Dieu, si ce n'est la grande vérité qui contient toutes les vérités, l'ordre éternel de la nature, la justice immuable, la vertu sublime qui embrasse toutes les vertus, l'affection qui renferme toutes les affections pures !

J'abhorre le fanatisme religieux, et je suis convaincu que le fanatisme de l'irréligion est encore plus funeste : l'un tue les hommes pour les forcer de croire un dogme qui, à tout prendre, n'est ordinairement que la morale en action; et l'autre les tue pour les empêcher de croire. L'un vous offre un point d'appui quelconque, et l'autre vous jette au milieu de la mer sans boussole et sans gouvernail (1).

Je ne parle pas de ces dévots de circonstance, qui, sous un roi athée, seraient athées. Pauvre huma-

---

(1). L'homme se pippe, a dit Montaigne, il est dupe de lui-même; la superstition *croît de croire*, et l'orgueil *croît de ne pas croire.*

nité! là, comme ailleurs, il y a de l'argent au fond de toutes choses.

Les opinions des hommes sont si variables; l'intérêt d'argent, d'amour-propre ou de position les rend si ambitieux, qu'il est impossible de faire pour eux autre chose que du *transitoire*. Qui aurait pu deviner, par exemple, que le fils d'un savetier du comtat Venaissin, deviendrait, sous le nom d'abbé Maury, le plus ardent défenseur de l'aristocratie? que C., R., B., L., enfans de paysan, domestique, marchand forain et tuilier, lui succéderaient dans cette noble mission? La vérité est qu'en France personne ne veut être peuple; quelquefois on cherche à devenir populaire; mais, dans ce cas, c'est qu'on a besoin de faire de nécessité vertu. La fortune, les honneurs: voilà les vrais mobiles, quoi qu'en dise *Publius Syrus. Fortuna vitrea est : tum quum splendat frangitur.*

> Et comme elle a l'éclat du verre,
> Elle en a la fragilité.
>
> CORNEILLE.

Je crois cependant qu'il vaut mieux avoir à se plaindre de la fortune que de rougir de sa victoire.

« *Malo me pænitcat, quam victoriæ pudeat.* »
Quinte-Curce, liv. iv.

L'habitude et l'esprit de dissipation nous ferment également les yeux, et sur ce qui est arrivé avant nous, et sur les événemens de notre âge. Nous marchons sur les débris de l'antiquité et sur les tombeaux de nos contemporains, sans qu'ils arrêtent nos regards ; nous foulons d'un pied rapide les cendres des héros qui ont défendu l'État, et qui ont dérobé nos mains délicates à l'esclavage, sans daigner nous en rappeler la mémoire. Jamais l'indifférence et l'égoïsme n'obtinrent un triomphe plus déplorable ; aussi M. le Vicomte profite-t-il de cette paresse d'esprit pour rajeunir de vieux préjugés, de vieux mensonges qui ont été foudroyés mille fois.

Le mal est fait, la noble génération qu'enflamma l'enthousiasme de la liberté et des grandes choses, a disparu sous le feu des combats et l'éternelle loi de la destruction, le temps. Des prédicans, plus zélés qu'habiles, ont cru pouvoir, comme les *Paul* et les *Augustin*, s'emparer de la génération actuelle, et tourner ses idées vers la contemplation des choses célestes. Peine perdue, ils n'ont semé que l'indifférence et une espèce de scepticisme ignare, avant-coureur certain de la décomposition sociale. Une foule innombrable de petits-maîtres, qui du moins autrefois ne corrompaient que les salons de la Cour, corrompent aujourd'hui la société tout entière ; l'impertinence et l'audace, filles de la servilité, de l'ignorance et de l'oisiveté, en augmentent chaque jour le nombre d'une manière effrayante. Les salons, les études, les comptoirs, les boutiques, les ateliers, ont leurs *fashionables*, hommes vils et méprisables, pétris de faux goût et de présomption ; sans études, et par conséquent sans principes ; sans lumières, sans idées de grandeur; serviles esclaves de la mode et de ses futiles préjugés; chez qui la nouveauté des bijoux, l'arrangement de la coiffure, la bigarrure de l'habillement, tiennent lieu d'esprit, de sens et de raison. Nous sommes arrivés à ce point de futilité, qu'un jeune homme ne se fait distinguer dans le monde que par son lorgnon, la forme et le nombre de ses breloques. *Varus, qu'as-tu fait de mes légions ?*

Ces lignes paraîtront à beaucoup de gens le fruit des réflexions d'un *humoriste*, c'est ce qui fait que je crois devoir les justifier en peu de mots.

Le sol de la France appartenait aux grands feudataires au commencement du 16e siècle; la pauvreté était encore une vertu. L'oncle de Henri IV, souche de la maison Bourbon Condé, n'avait pas six cents livres de rente. La province du Périgord fut vendue moyennant seize mille écus; sous le règne de *François Ier*, le loyer de toutes les maisons de Paris ne s'élevait qu'à 312,000 liv., et le terrein sur lequel est bâti l'hôtel de ville de Paris coûta deux mille francs aux échevins en 1605.

Après un siècle de guerres civiles et étrangères, la noblesse profita seule des accroissemens de la fortune publique; les vices de la régence et le ministère paisible du cardinal Fleury la noyèrent dans les délices et la dissolution. La révolution la surprit, elle tomba comme un vieux chêne consumé par le feu.

Sa fortune, ses vices, sa forfanterie, sa dissipation sont passés dans le tiers-état qui, après trente ans de victoires, jouit en paix des spoliations de 93, comme la noblesse avait joui du bénéfice des confiscations et de la révocation de l'édit de Nantes.

Il n'y a pas une famille enrichie qui ne compte au

moins un membre aussi fat, aussi vain, et tout aussi vicieux que le marquis de *Moncade*.

Les mêmes causes produisent ordinairement les mêmes effets. Je pourrais faire un *gros* volume sur ce rapprochement; mais ce serait prêcher dans le désert. Je crois le mal incurable, et je laisse le soin d'en essayer la guérison à nos faiseurs d'éloges funèbres, à ces marchands de prose correcte, quelquefois sonore, mais vide, menteuse, inanimée, qui n'attaque ni l'âme ni l'esprit.

Un écrivain qui s'aviserait de faire l'histoire de notre temps, d'après les oraisons funèbres qui, depuis dix ans, infectent nos journaux, ferait *de la jolie besogne*. Lisez ces archives de la flatterie, tout y est *Catinat*, *Colbert*, *Pascal*, *Louis XIV* et *Napoléon;* et les pierres tumulaires, ces nouveaux monumens de l'orgueil et de l'idolâtrie, que de vertus et de fidélité conjugale !... Jusqu'à N...., ancien avoué, qui fut *toute sa vie un modèle de vertu et de désintéressement !*

Et tes quatre maisons de la rue Quincampoix,
Sont-ce tes bons aïeux qui les ont là plantées ?
Du sang de tes cliens elles sont cimentées.

Il n'entre aucune pierre en leur construction
Qui ne te coûte au moins une vexation.

A côté de cette fastueuse tombe d'un procureur, j'aperçois un marbre modeste comme l'était l'homme qu'il couvre. Je lis : *Irrisson, homme de bien.* J'ai connu pendant vingt ans cet homme respectable : artisan d'une grande fortune acquise honorablement par de longs travaux; modeste au sein de l'opulence; d'un grand sens, grave sans rudesse; aimant sa patrie comme il aimait sa femme et ses enfans. L'attitude habituelle de cet homme simple m'avait singulièrement frappé; en m'approchant de lui, je me trouvais comme dans une atmosphère d'honnêteté, il la transpirait, pour ainsi dire, par tous les pores, et avec elle un calme, une sérénité qui vous rafraîchissait le sang. Sans le connaître, on aimait à se trouver assis à côté de lui, sans autre raison que parce que l'honnête homme se repose délicieusement à côté de l'honnête homme. Il est mort sans titres, sans cordons et sans autre noblesse que celle de la vertu et du rare exemple (1) qu'il laisse à sa fa-

---

(1) *Nobilitas, sola ut atque unica virtus.* Jov. Sat. 8.
La vertu seule est la noblesse.

mille. Je venais de pleurer sur les cendres de mon père, j'avais salué l'ombre du vieux vainqueur de Zurich, et j'ai quitté ce champ de l'orgueil et du néant, en répétant : « Dormez en paix, homme de » bien. »

J'ai déjà donné par extrait à M. le Vicomte une notice sur les *Barons* féodaux des provinces : voyons un peu ce qui se passait à Paris dans le seizième siècle.

Les évêques prétendaient être en droit de se faire représenter les testamens ; ils défendaient de donner la sépulture à ceux qui mourraient *ab intestat*, ou qui n'avaient pas fait un legs à l'Église ; et les parens étaient obligés d'aller à l'*official* réparer la faute du défunt devant un ecclésiastique, qui recevait le legs qu'on faisait au nom du mort. *Pendant quatre mois, dans le cimetière des Innocens, on n'enterra ni petit ni grand, parce que Maître Denis des Moulins, évêque de Paris, en voulait avoir trop grande somme d'argent.*

L'Etoile rapporte que le duc d'Anjou, le prince de Navarre et le duc de Guise, après avoir soupé chez le petit-fils du chancelier Duprat, le firent dépouiller par leur suite, de son argent, de sa vaisselle et de ses meubles, et que mademoiselle de *Rieux*, maîtresse du duc d'*Anjou*, passant à cheval sur le quai de l'Ecole, et voyant venir *Duprat* de Nantouillet, qui était prévôt des marchands, court sur lui, le renverse et le foule aux pieds de son cheval. Le Roi fit dire à *Nantouillet* qu'il eût à retirer sa plainte, parce qu'il avait affaire à trop forte partie.

Dans cet âge d'or que M. le vicomte retrace si éloquemment à nos regrets, sont morts violemment et funestement :

Henri II, Charles IX, Henri III et *Henri IV, Antoine de Bourbon, François comte d'Enghien, Henri de Bourbon*, le *prince de Condé, Henri I*er, *prince de Condé*, le maréchal *de Saint-André, François de Clèves, François de Guise, Henri de Guise* et le *cardinal de Guise*, le *cardinal de Lorraine*, le *cardinal de Chatillon, Coligny*, l'amiral *Villars Brancas*, et les *cinq frères Joyeuse*.

Ces crimes étaient si nombreux, si révoltans, les moines et leurs concussions si atroces, que le capitaine de la *Rouvraye*, gentilhomme angevin, fit vœu de *châtrer* tous les moines qui tomberaient entre ses mains. Il n'eut pas honte de se rendre fameux en portant un large baudrier qu'il avait fait faire de ces ridicules mutilations.

Voit-on de nos jours *celles* qui, d'après Pasquier, *suivaient la Cour, et qui étaient tenues de faire le lit au roi des ribauds?* charge considérable à la Cour, et dont la juridiction s'étendait dans tout le royaume.

Je n'ose pas écrire les statuts de *ces dames*, qui furent dressés par Jean Simon de Champigny, évêque de Paris.

Faut-il rapporter la manière expéditive dont se rendait la justice criminelle? On arrêtait secrètement une foule de citoyens dont on voulait se défaire, on les enfermait dans un sac, et on les jetait à la rivière. De là vint le proverbe, *gens de sac et de corde* (1).

(1) « La reine Isabeau de Bavière, impérieuse, avare, vin-
» dicative et galante, voulut s'emparer du trésor destiné au
» paiement des troupes, sous prétexte de l'entretien de sa
» maison. Le connétable s'y opposa; elle le menaça : il la
» connaissait et résolut de la prévenir. Le moyen qu'il em-
» ploya était indigne. *Apparemment qu'à la Cour on s'élève*

A peine connaissait-on les noms d'Homère, de Sophocle, de Thucydide ; et lorsqu'on voulait désigner quelque production savante, on disait : « Cela » est grec, on ne le lit point, ou on ne peut le lire. » En expliquant Justinien dans les écoles de droit, trouvait-on un vers d'Homère ; il fallait le sauter sans le lire, sous peine de passer pour hérétique. Les moines prêchaient que tous ceux qui apprenaient le grec ou l'hébreu devenaient juifs.

L'Etoile rapporte « qu'une fille fort belle, dé- » guisée en homme, et qui se faisait appeler *An-* » *toine*, fut découverte et prise dans le couvent des » Cordeliers. Elle servait, entre autres, frère *Jac-* » *ques Berson*, qu'on appelait le cordelier aux belles » mains. Ces bons pères jurèrent qu'ils l'avaient prise » pour un garçon, on s'en rapporta à leur déclara- » tion. »

Finissons par un de ces mille traits qui annoncent

» *quelquefois au-dessus des idées communes sur la honte et la* » *bassesse des moyens.* Il instruisit le Roi des choses qu'on » laisse ignorer à un mari. Louis de Bourbon, homme aimable, » téméraire, et fort à la mode chez la Reine, fut arrêté, mis à » la question, ensuite cousu dans un sac et jeté dans la Seine. »

l'attachement des Parisiens pour leurs maîtres. C'est
Froissard qui parle :

« Le lendemain, les *échevins*, suivant l'usage,
» portèrent au Roi de magnifiques présens, et s'étant
» mis à genoux, lui dirent : *Très-chier et noble*
» *Sire, vos bourgeois de la ville de Paris vous*
» *présentent ces joyaux.* » C'étaient des vases d'or.
« *Grand merci, bonnes gens,* leur répondit-il ; *ils*
» *sont biaux et riches.* » Nos faiseurs de harangues
obligées devraient imiter ce laconisme ; tout le
monde y gagnerait(1).

Ils allèrent ensuite chez la Reine, à qui un *ours*
et une *licorne* présentèrent de leur part des présens
encore plus riches. Un *ours* et une *licorne,* cet em-
blême étant incomplet, on y ajouta des *singes,* et

(1) Ceux qui sont nés sous un Monarque,
     Font tous semblant de l'adorer ;
     Sa Majesté, qui le remarque,
     Fait semblant de les honorer :
     Et de cette fausse monnoie
     Que le courtisan donne au Roi,
     Et que le Prince lui renvoie,
     Chacun vit, ne songeant qu'à soi.

ces *singes* obtinrent des franchises pour eux et leurs descendans. De là le proverbe : *Payer en monnaie de singe.*

« *Devant la fontaine du Ponceau, étaient plusieurs belles filles en syrènes, toutes nues, lesquelles, en faisant voir leur beau sein, chantaient de petits motets.* »

A l'entrée de la reine Anne de Bretagne, MM. les échevins poussaient l'attention jusqu'à placer de distance en distance de petites troupes de dix à douze personnes, avec des pots de chambre pour les dames et demoiselles du cortége, qui se trouveraient pressées de quelque besoin.

Que peut-on exiger de plus (1)?

(1) Alcibiade avait imaginé de faire couper la queue à son chien, pour empêcher les Athéniens de parler d'affaires plus sérieuses. Je ne sais où un des maires de Paris va chercher tout ce qu'il fait débiter, après coup, dans les journaux, sur les halles, St-Germain-l'Auxerrois, les bureaux de charité, les........, les......., les orphelins, les égoûts, les boues, etc., etc. Pourquoi ce prévoyant Edile a-t-il trouvé le secret de siéger quatre ans dans la Chambre des Députés, sans y placer un seul mot; et pourquoi vient-il nous assourdir de ses niaise-

Quelque jour je coulerai à fond ce gouvernement féodal, que des auteurs à système exaltent beaucoup. On jugera de la justesse de leurs idées par les dissentions et les guerres continuelles que cette forme de gouvernement occasiona. Ces messieurs n'auront sans doute pas toujours *la parole.*

ries et reprocher aux journaux l'oubli dont ils daignent l'honorer?

Je suis bien éloigné de contester à un bon prince les titres que lui décerne la reconnaissance des peuples; mais encore faut-il attendre. Rapin de Thoiras observe judicieusement, « qu'il arrive quelquefois que les éloges et les surnoms que » l'on donne aux Princes, s'accordent peu avec leur véritable » caractère. »

Nul n'a contesté le titre de *Bon* donné à Henri IV. Mais on conteste le *même titre* à ce Philippe, duc de Bourgogne, qui était sans foi, sans probité, d'une ambition démesurée, oppresseur dur, injuste envers ses parens comme envers son souverain.

A Dieu ne plaise que je fasse aucune allusion outrageante, toute la France me démentirait; mais elle ne me démentira pas lorsque j'écrirai qu'il existe de certains hommes qui, à force d'adulations et de bassesses, salissent tout ce qu'ils touchent.

Il est d'autres erreurs, dont l'aimable poison
D'un charme bien plus doux enivre la raison :
L'esprit dans ce nectar heureusement s'oublie ;
Chapelain veut rimer, et c'est là sa folie.

BOIL., Sat. IV.

M. de Salvandi, qui jusqu'à ce jour n'a fait que des romans, veut absolument prêter son langage à la politique, ce qui n'est pas à dédaigner ; elle n'en serait que plus obscure.

Ce qui m'a paru plaisant, c'est ce certificat de royalisme qu'ont *octroyé* Messieurs des *Débats* à M. Salvandi dans leur journal d'aujourd'hui. Je ne me croirais pas royalisé si je ne l'étais qu'en vertu d'un certificat signé par les membres de ce nouveau comité de *sûreté générale.*

Pourquoi donc voulez-vous que par un sot abus
Chacun respecte en vous un honneur qui n'est plus ?

BOIL., Sat. V.

! Nous en sommes arrivés à ce point de décadence qu'un des singes de M. Châteaubriand, un de ces jeunes écrivains qui se sont imaginés de couvrir de l'éclat des mots le vide des pensées, donne un démenti à Montesquieu pour justifier une bouffissure historique qu'il nomme *Istaor*. Malgré l'autorité d'un Père de l'Eglise, de tous les philosophes, de Voltaire et de Montesquieu, l'empereur Julien vient d'être sacrifié par un romancier qui fait de la politique.

Ecoutez, jeune homme qui avez assurément du talent, mais qui suivez une mauvaise route, les paroles d'un génie devant lequel vous eussiez dû trembler : « Faites pour un moment abstraction des vé-»rités révélées; cherchez dans toute la nature, et »vous n'y trouverez pas de plus grand objet que les »*Antonin*, *Julien* même, Julien;.... non il n'y a »point eu après lui de Prince plus digne de gouver-»ner les hommes. »   Montesquieu.

Cette leçon n'est pas la seule qui puisse être donnée à M. Salvandi dans son intérêt; je l'engage à lire le portrait de l'homme de lettres tracé par M. Lemercier. *Cours de Littérature*, T. 3, p. 24.

« L'homme de lettres saurait-il s'astreindre à mesurer ses opinions sur les intérêts d'une politique journalière : sa philosophie doit suivre des règles éternelles, et non des partis et des sectes. Tout véritable disciple des Muses n'est point un homme de faction, mais un libre interprète des vertus durables : son impartialité louera la grandeur des institutions populaires, ainsi que les meilleures lois des empires. Comme il distingue le bon et 'le mauvais dans l'expression, il discerne le bon et le mauvais qu'elle exprime. C'est ainsi qu'il purge le style et la pensée. Royaliste, il consacrera l'héroïsme de l'imperturbable Caton, martyr de sa république tombante; républicain, il admirera le caractère clément et juste du bon Henri, dont la droiture a raffermi la monarchie ébranlée. Disons mieux, il ne sera ni républicain ni royaliste, dans le sens que les partis attachent à ces mots; il demeurera l'organe de l'humanité dans tous les systèmes, l'apôtre de cette sagesse toujours pareille, dont les immuables maximes, proclamées depuis l'antiquité, survivent aux princes, aux peuples, aux révolutions passionnées. »

TROISIÈME LETTRE.

Mont-Rouge, le 20 octobre 1824.

L'ESPAGNE.

Si tous les hommes qui ont vécu avaient eu un tombeau, il aurait bien fallu, pour trouver des terres à cultiver, renverser ces monumens stériles, et remuer les cendres des morts pour nourrir les vivans.

MIRABEAU.

Hos natura modos primum dedit.

Georg., liv. 11, v. 20.

Ce sont les premières lois de notre mère nature.

Charles-Quint (1) meurt, laissant à

---

(1) Charles - Quint jurait toujours : *A fé de hombre de bien* », et ne tenait jamais sa parole.

Philippe II son fils, les deux tiers de l'Europe civilisée, les trésors du nouveau monde, et l'inquisition.

Philippe II, que quelques historiens ont comparé à *Tibère*, n'était qu'un lâche assassin. Lorsque Tibère commandait les légions romaines et les faisait combattre, il était à leur tête ; et *Philippe II* était dans une chapelle entre deux récollets, pendant que le *Prince de Savoie*, et ce *comte d'Egmont* qu'il fit périr depuis sur l'échafaud, lui gagnaient la bataille de St-Quentin. *Tibère* n'était ni superstitieux ni hypocrite ; et Philippe prenait un crucifix en main quand il ordonnait des meurtres, ou qu'il assistait à des auto-da-fé.

Ce monstre ce servit du masque de la religion pour tramer une conspiration dans le Béarn, contre la mère d'Henri IV ; la mettre comme hérétique entre les mains de l'inquisition, la faire brûler, et se sai-- sir du Béarn en vertu de la confiscation que ce tribunal d'assassins aurait prononcée.

Dieu voulut montrer au monde, dans le même-temps, le génie du mal et le génie du bien, en plaçant Philippe et Henri IV, en présence l'un de l'autre; mais quelle différence dans la répartition des biens : Henri fut obligé de gagner son royaume par quinze ans de travaux héroïques, et le tigre espagnol se vit maître en naissant de l'Espagne, du Milanais, des Deux Siciles et de tous les Pays-Bas. Ses ports étaient garnis de vaisseaux ; son père lui avait laissé les meilleures troupes de l'Europe. Sa seconde femme, *Marie*, reine d'Angleterre, suivait ses inspirations, faisait brûler les protestans de son royaume et déclarait la guerre à la France. Joignez à cela les moissons d'or et d'argent qui leur venaient du Nouveau-Monde.

Répétons ici qu'à cette époque le pauvre *Béarnois* cherchait un royaume, de l'argent et des troupes.

À la mort de *Marie*, *Philippe* prit pour troisième femme *Isabelle* de France, qui avait été promise à *Don Carlos*, fils de Philippe ; mariage infortuné qui offrit l'occasion d'un double parricide à ce barbare (1).

---

(1) La mort de l'infortuné *don Carlos*, qui ne commit d'autre crime que celui d'aimer une princesse qui lui était destinée, me rappelle celle du duc de *Montmouth*, fils de *Charles II*, également condamné par son père, et que des faiseurs de conjectures ont voulu sauver miraculeusement pour en faire l'homme au masque de fer. *Hume* rapporte qu'avant de mourir, ce prince donna six guinées à l'exécuteur pour qu'il ne le fît pas souffrir : précau-

Philippe promet solennellement, devant
un crucifix, de détruire tous les protestans

---

tion inutile; car il lui donna cinq coups avant que
de lui emporter la tête de dessus les épaules. Ce
malheureux prince tourna la tête au troisième coup,
il regarda le bourreau, qui laissa tomber la hache en
disant qu'il ne pouvait l'achever, et qu'il ne savait
où il en était. On lui fit cependant reprendre la
hache, il en donna encore deux coups, et acheva
avec un couteau.

Les personnes les moins pénétrantes, dit l'historien, attribuèrent cette cruauté à la timidité de
l'exécuteur; mais les plus intelligentes demeurèrent
d'accord que cela était concerté et que le *bourreau
avait des ordres*. On en avait ainsi usé lorsqu'on
avait tranché la tête de milord Russel.

Trouvez, Messieurs les anglomanes, de pareils
traits dans notre histoire, soit de la part des Rois,
soit de la part du peuple.

Je prouverais, les preuves existent, il ne faut
que les rassembler, que M. Pitt a sciemment, vo-

de ses Etats, et il accomplit son-vœu. L'inquisition le seconda bien. On brûla à petit

---

lontairement et machiavéliquement fait assassiner
l'infortuné Louis XVI.

Avec nos travers, nos défauts, notre légèreté,
notre inconstance, nous pesons encore plus dans la
balance morale que messieurs d'Albion, avec leur
patriotisme, leurs richesses, leurs vices et leur
gravité.

Nous avons aboli pour eux le droit d'aubaine,
voici ce qu'ils nous ont apporté :

J'allais me promener pendant le mois de juin dernier sur le boulevard de Mousseaux, et j'apercevais
dans cette plaine nue qui sépare ce boulevard du
chemin de la Révolte, une quantité prodigieuse
d'hommes bien mis, qui la traversaient dans tous
les sens. Un jour que j'avais vu trois gardes
champêtres pour un si petit espace de terrain,
je m'approchai de l'un d'eux, en lui disant : pourquoi montez-vous la garde à trois ? vous n'avez pas
un seul arbre à fruit dans la plaine. C'est à cause

feu dans Valladolid tous ceux qui étaient soupçonnés ; Philippe, des fenêtres de son palais, contemplait leur supplice et entendait leurs cris.

Il va tout exprès dans le Piémont pour écrire ces deux mots au gouverneur de Milan : *Tous au gibet*. Il en fit autant dans

---

des *chiens d'anglais*, me répondit-il. — Et quel mal peuvent-ils faire ? — Quel mal ! ils se vautrent dans les bleds et renversent nos récoltes. — Et qu'y font-ils ? — Ce sont des gueux de pédérastes. Et sur cela des anecdotes plus que je n'en voulais, les noms même des mylords *matadors*.

Ainsi, trois gardes champêtres en plein jour..... *God dam !* messieurs, gardez vos guinées et disparaissez d'un sol que souille votre présence.

Je tiens ce fait du garde de Clichy-la-Garenne, qui m'a de plus appris que la pédérastie était punie de mort en Angleterre, et que les Anglais ne venaient en France que pour *commettre ce crime et manger du raisin*.

la Calabre ; et ses ordres furent exécutés ponctuellement.

Les provinces hollandaises se révoltent contre Philippe et se déclarent république. Philippe envoie contre elles le duc d'Albe, avec des troupes espagnoles et italiennes, et l'ordre d'employer les bourreaux autant que les soldats. Guillaume, prince d'Orange, esprit fier, profond, d'une intrépidité tranquille et opiniâtre, résiste. La nécessité le fit calviniste.

Les troupes espagnoles se révoltent contre le duc d'Albe et traitent avec les Hollandais, qui se constituent définitivement sous le commandement du prince d'Orange.

Philippe, tranquille à Madrid, proscrit le prince d'Orange, et met sa tête à vingt-cinq mille écus. Il est assassiné aux yeux de son épouse, fille de l'amiral Coligny.

Genève lui résiste et bat ses troupes.

Philippe échoué dans tous ses projets, et le pauvre *Béarnais*, devenu roi de France, le force à signer la paix de Vervins.

Les cruautés de Philippe dans les Pays-Bas, et ses intrigues en France, lui coûtèrent trois milliards de francs, qui enrichirent l'Europe malgré l'intention de ce tyran.

Philippe III, qui ne put jamais soumettre les Hollandais, que les cruautés de son père avaient soulevés, put malheureusement chasser sept cent mille Maures de ses États ! C'étaient les seuls hommes laborieux dans le pays de la paresse.

Philippe IV perd le Roussillon par la faiblesse de ses armes, le Portugal par sa négligence (1), et la Catalogne par ses

______

(1) Don Vincent Braçaller-y-Sauna, dans ses mé-

cruautés. Malgré les mines du Nouveau-
Monde, l'Espagne se trouva si appauvrie

---

moires pour servir à l'histoire d'Espagne, sous le
règne de Philippe V, dit que les Portugais s'étant
déclarés pour l'Autriche, et étant venus camper aux
environs de Madrid, les courtisanes de cette ville
résolurent entre elles de marquer leur zèle pour Philippe V, et qu'en conséquence, celles qui étaient
les plus sûres de leur mauvaise santé, s'attifaient,
se parfumaient, allaient de nuit au camp des Portugais, et qu'en moins de trois semaines, il y eut
plus de six mille hommes de cette armée ennemie
dans les hôpitaux où la plupart moururent.

Le mal fait, il s'éleva une question de conscience,
qui consistait à savoir si ces filles avaient pêché en
se prostituant aux Portugais, et si leur action n'était
pas corrigée par l'intention de servir la patrie. Le
docteur qui soutenait qu'elles n'avaient point pêché,
disait que, puisqu'il est permis de massacrer l'ennemi, de brûler, de saccager ses villes, et d'employer toutes sortes de moyens pour affaiblir ses

sous ce règne, que le ministère fit battre
de la monnaie de cuivre, à laquelle on donna

---

forces, à plus forte raison était-il permis de lui donner la .....

Ce mal terrible, dont notre bon roi François Ier
aurait pu dire :

Et la garde qui veille aux barrières du Louvre
N'en défend pas les rois,

lui fut donné par la femme d'un marchand de chevaux, nommé Lunol. Un *moine* espagnol, aumô-
nier dans les troupes de Charles-Quint, passant par
Paris pour se rendre en Flandre, se trouva plusieurs
fois avec ce Lunol et le vit si irrité d'être c..u, qu'il
espéra d'en faire et qu'il en fit un fanatique : *Votre
Roi*, lui dit-il, *protège les protestans d'Allemagne, et ne tardera pas sans doute à l'introduire
en France. Servez, en vous vengeant de lui et
de votre femme, servez la religion ; communi-
quez-lui ce mal auquel on n'a pas encore trouvé
de véritable remède..... — Ah ! comment voulez-vous que je la lui communique,* répondit

un prix aussi fort qu'à l'argent. Il fallut que le maître du Mexique et du Pérou fît de la fausse monnaie pour payer les charges de l'Etat.

La dépopulation de l'Espagne a été si grande, que le célèbre *Urtaris*, qui écrivait en 1723, n'y compte qu'environ sept millions d'habitans. En se plaignant de l'énorme diminution de ses concitoyens, il se plaint aussi que *le nombre des moines soit toujours resté le même.*

Lunol, *nous ne l'avons ni moi, ni ma femme. — Mais moi, je l'ai,* répliqua le moine, *j'en lève la main et vous en fais serment; introduisez-moi seulement une demi-heure, la nuit, à votre place, auprès de votre infidèle, et je vous réponds.....*

François Ier succomba sous le poids d'un mal, contre lequel les *affecteurs* de ce temps-là étaient encore bien impuissans.

Le jésuite *Nitard*, grand inquisiteur, s'empare de l'esprit de *Marie d'Autriche*, régente du royaume pendant la minorité de *Charles II*, c'est ce jésuite qui disait au duc de Lerme, premier ministre : *C'est vous qui me devez du respect, j'ai tous les jours votre Dieu dans mes mains et votre Reine à mes pieds.* Avec cette fierté, ce jésuite laissait le trésor sans argent, les places fortes en ruine, les ports sans vaisseaux, et les armées sans chefs qui sussent commander.

Ce Nitard fut chassé d'Espagne; il alla à Rome où on le fit cardinal.

La branche de *Charles-Quint* s'éteint; Philippe V, petit-fils de Louis XIV, monte sur le trône d'Espagne. *Louis*, pour soutenir son petit-fils, vend sa vaisselle d'or; la France et l'Espagne sont accablées de malheurs. On est réduit à Versailles à man-

ger du pain d'avoine. Madame de Mainte-
non en donna l'exemple. *Villars* sauve la
France à Denain, comme, de nos jours,
Masséna l'a sauvée à Zurich (1).

Les Espagnols qui, depuis *Charles-
Quint*, avaient brillé dans les arts de l'esprit lorsque la France était encore barbare,
se séparent du reste de l'Europe au moment où la philosophie vient l'éclairer. Des
lazarets pour la pensée sont placés à toutes
les avenues et sont gardés par des moines
ignorans. Les ténèbres s'épaississent ; les
moines consolident leur théocratie ; les.
tremblemens de terre, précurseurs des
orages du dernier siècle, n'interrompent
pas même le sommeil des Espagnols, quoiqu'ils en fussent les premières victimes. Ils

_____

(1) On est étonné de ne pas voir figurer ce beau
nom sur la liste de la pairie.

croyaient obtenir la clémence de Dieu en
brûlant des Juifs lorsqu'ils n'eurent plus
de Huguenots à brûler.

La révolution française, de grande mémoire, avait sillonné les quatre parties
du monde, que l'Espagne se doutait à
peine de son existence. Il fallut qu'il prît
fantaisie au dominateur de l'Europe de
singer Louis XIV et de faire, en 1808, ce
que le grand Roi avait fait cent ans aupa-
ravant, jour pour jour. Mais ce dominateur ne descendait pas en ligne directe de
la fille aînée de Philippe IV. Louis XIV défendait un droit successif, pour lequel
l'homme le plus pacifique plaiderait devant
les tribuuaux, et Napoléon commettait un
acte qui fit rougir ses plus chauds partisans.
Ce peuple, abruti par ses moines et trois
siècles d'ignorance, s'appropria l'offense
qui venait d'être faite à ses Rois, et donna

16

par son héroïque résignation, le signal pré-
curseur de la chute du colosse qui a étonné
notre âge (1).

---

(1) Ferdinand occupait en France le château de
Valençay, qui appartient à M. de Talleyrand. Ferdinand écrivait régulièrement tous les mois à Napoléon, et en recevait des réponses. Au 15 août et à la
fête de l'impératrice, il faisait illuminer le parc et
le château; il sollicita l'adoption de Napoléon ainsi
que la main de la fille de Lucien Bonaparte. Enfin,
il eut pendant six ans la jouissance d'une très-belle
bibliothèque, et je tiens de la bouche même d'un
surveillant *qu'il n'en ouvrit jamais un seul volume.*

Le roi Charles, son père, était à Marseille; on
projeta de l'enlever et il y consentit. Les mesures
étaient prises, le succès était certain. Au moment
de partir, il demanda si l'on tirerait les cent coups
de canon d'usage; il ne voulut pas démarer que les
cent coups de canon ne fussent tirés; le complot fut
découvert et les conjurés fusillés.

L'Espagnol triompha au bout de six années, mais l'ancien édifice était démoli ; il

---

J'aurais de bien grands regrets si je me voyais sur
le point d'être fusillé pour une pareille affaire.

Les Espagnols pleurent et pleureront long-temps.
La constitution de Bayonne valait mieux que leur
juridiction ecclésiastique, en matière séculières, et
que tant d'autres choses comprises dans cette seule
phrase : *Il n'en ouvrit jamais un seul volume.*

Si je ne craignais pas de blesser la *susceptibilité
grande* du propriétaire de Valençay, je raconterais
quelques anecdotes sur les amours de Ferdinand et
d'une illustre princesse qui ne pêchait pas par inexpé-
rience.

J'ai souvent pensé à la figure que devait faire
M. de Talleyrand, cet homme si poli, si spirituel,
ce fidèle interprète des bonnes manières de l'urba-
nité française, lorsqu'il se trouvait au milieu du directoire, là face à face avec le grossier général Moulin.

Ce directeur Moulin avait accordé une audience

n'y avait plus de lazarets pour la pensée, les moines eux-mêmes étaient devenus soldats. L'Espagnol apprit en six années tout ce qu'il y a de vérités utiles dans l'économie politique, et de grand dans les accens de la liberté.

Le Mexique et le Pérou, ces sources où le Néron de l'Espagne puisait ses immenses trésors, prirent la balle au bond et s'émancipèrent.

Le roi Ferdinand VII rentre en Espagne

à une dame d'un grand nom. Cette femme spirituelle lui présenta un placet qui avait pour objet l'élimination d'un émigré. Après avoir lu le placet, le directeur, tout bouffi de colère, s'écria : M.... pour les émigrés. La dame ne fut point troublée par cette sale et grossière exclamation, elle lui répondit avec une gravité majestueuse : Citoyen directeur, vous venez de parler comme mon c.....

après six ans d'exil; son premier soin fut
de remettre la nation qui avait si généreu-
sement défendu ses droits, sous le joug
du froc, de l'inquisition et de l'ignorance, on dressa des gibets, des potences
pour les hommes éclairés, comme Philippe II l'avait fait pour les Huguenots.

Un cri de liberté s'échappe de la bouche
d'un simple officier qui tenait garnison sur
le bord africain; la commotion électrique
n'est pas plus rapide, toute l'Espagne ré-
pète ce cri avec enthousiasme, le Roi lui-
même, qui parut sentir dans ce moment
que ses moines l'avaient trompé sur le véritable esprit de son peuple, reconnut et
fit proclamer la constitution des Cortès (1).

____

(1) C'est une erreur de croire qu'une poignée de
soldats insurgés, au bout de la Péninsule, ait
opéré ce grand mouvement; ils en furent les orga-

Les Cortès furent assemblées, toute l'Europe reconnut ce nouveau gouvernement par la présence de ses ambassadeurs.

Cette révolution, qu'aucun excès n'avait ensanglantée, marchait majestueusement et pacifiquement vers les améliorations que l'Espagne subira tôt ou tard *sous peine de mort*. Des hommes supérieurs et modérés la conduisaient; les biens des moines rentraient dans les mains des hommes que la nature créa pour les cultiver; des emprunts

nes, les instrumens peut-être, mais non les mobiles. Il eut lieu simultanément dans toutes les provinces, avec plus ou moins de force. Les hommes sages de tout le pays soupiraient après une régénération, et ils devaient saisir les premiers moyens qui s'offraient d'y parvenir. Aucun d'eux ne contestait les imperfections de la constitution de Cadix, mais on en voulait une quelconque, et surtout une administration qui eût au moins le *sens commun*.

s'ouvraient, et l'Europe versait son or sur une terre qui ne demande que des bras et la liberté. Les *Torquemada* avaient disparu ; l'Espagne montrait avec orgueil les deux *Arguelles*, *Valdès*, *Gallianno* et *Martinez de la Rosa* (1).

Une peste afflige Barcelonne, la France croit devoir placer un cordon sanitaire sur sa frontière. Quelques esprits qu'on appelait inquiets et factieux, mais qui n'avaient d'autre tort que de voir juste, crurent apercevoir des symptômes d'invasion, la Couronne de France les rassura. « Des es- » prits mal faits pouvaient seuls prêter à la » France d'autres vues que celles que les » lois sanitaires lui prescrivaient pour sa » conservation »..

---

(1) Le *Journal des Débats* reconnaît aujourd'hui que les cortès n'avaient eu d'autre tort que de poser des principes.

Cependant, au bout de vingt mois, l'armée d'un royaume constitutionnel va combattre l'Espagne constitutionnelle. Les enfans de ceux qui dépouillèrent les moines en France, et qui jouissent en paix de ces dépouilles, allèrent porter, involontairement sans doute, leurs bras aux moines et aux absolutistes. Je n'excepte personne; le clos de *Vougeot*, vendu domanialement, sur la dépossession des moines de Citeaux, fut acquis, en 1790, par un Prince français.

En entrant sur le territoire espagnol, chaque soldat français (1), imitant en cela

----

(1) *Imperet bellante prior, Jacentem*
   Lenis in hortem.

Hor., in Carm. secul. v. 51-52.

Ils sont braves au combat et doux en la victoire.

l'exemple que lui donnait son auguste et généreux chef, montre à l'Europe étonnée autant de *Gélons* (1) que d'individus. Et l'ordonnance d'*Andujar*, monument impérissable de la bonté de notre Prince, allait peut-être calmer la vaste plaie faite à l'Espagne, lorsque l'évêque d'*Osma* répondit au général qui lui présentait cette ordonnance : « Nous avons déjà chassé les Français, faites bien attention à ne pas nous en faire ressouvenir. » Et Cadix n'était pas encore soumis. Ce général français, soldat de la révolution et l'un des lieutenans *familiers* de Napoléon, dût en frémir, si l'âge et les honneurs n'ont pas tout-à-fait changé le vieux sang qu'il versa dans cent combats.

La campagne est finie; l'invasion est

----

(1) Gélon, vainqueur de Carthage, stipula pour l'humanité, en abolissant les sacrifices humains.

complète (1); les moines règnent, et l'armée française, qu'on vient de renforcer, occupe le territoire espagnol (2).

---

(1) *Fit il vincer sempre mai laudabil cosa,*
Vineasi o per fortuna, o per ingegno.

ARIOST. Cant. 15.

(2) La victoire a toujours été une chose louable, soit que le hasard ou l'habileté nous y conduise.

J'ai questionné beaucoup d'officiers et de soldats, notamment quelques gardes-du-corps récemment arrivés d'Espagne : tous s'accordent sur ce point, que, dans la classe instruite, il y a en Espagne vingt constitutionnels contre un absolutiste. Un garde-du-corps me faisait la peinture du silence qui régnait à Madrid lorsque le Roi sortait, et de l'air sombre et sinistre de ces figures que *pâlit* le sang africain. Je lui répondis par ces belles paroles de l'évêque de Beauvais : « Si les peuples n'ont pas le droit de »parler, ils ont le droit de se taire, et leur silence »est la leçon des Rois. »

En 1808, époque de l'invasion de l'Espagne, par Napoléon, le revenu de ce royaume se composait, savoir :

Prov. des Amér., réaux.   291,594,883.
De la Péninsule. . . .   508,405,117.

Ensemble. . . .   800,000,000.

Suivant le rapport de *Canga Arguelles*, fait aux Cortès en 1821, l'Espagne avait tiré de l'Amérique, depuis la découverte, cent trente-cinq milliards, six cent quatorze millions, deux cent trente-neuf mille quatre cent-quarante réaux de Veillon.

En francs. . .   58,903,559,860.

Lorsque Voltaire écrivait son Essai sur les mœurs, il évaluait ce produit à vingt-sept milliards de nos anciennes livres.

Le peuple espagnol croyait devoir jouir éternellement des faveurs dont l'accablaient les plus beaux et les plus riches pays de la terre : illusion qu'il paya cher. Il n'y a de vraie richesse pour les nations que le sol, le travail et l'industrie.

Le gouvernement Espagnol, depuis *Philippe II*, a été sans prévoyance. Son administration a été vicieuse dans toutes ses parties, aucun système régulier d'impôt, l'instruction publique dirigée par des moines et vers des couvens, l'industrie paralysée ou étouffée à sa naissance par l'inquisition, le commerce et l'agriculture sans lois, sans protection.

Du sein de ces désordres, le clergé se créa une puissance indépendante dans l'Etat. « Le montant de ses rentes et propriétés, » dit *Arguelles*, couvert pour les profanes » sous un voile mystérieux, à peine fut » connu du gouvernement; ce fut la gran- » deur du mal qui le révéla. J'ai, dit-il, des » documens pour croire que la valeur des

»dîmes ecclésiastiques de la *Péninsule*,
»recouvrées suivant les règles de leur ins-
»titution, s'élèvent annuellement au-delà
»de réaux de Veillon. . . 600,000,000
Et en biens rustiques et
maisons. 200,000,000

Ensemble. . . . 800,000,000

Arguelles fait observer à ce sujet que les rentes du clergé surpassent celles de l'État de 406,871,571 réaux de Veillon.

Il fait remarquer que le clergé doit au gouvernement une rente sur la dîme, qui vaut valeur liquide. R. de V. 21,955,388

Mais que les chapitres se sont fait allouer cette rente pour dix années, moyennant. 11,981,540

Ce qui, pour les dix années, occasionne une perte pour l'État, de. 99,748,230

Je voudrais bien voir M. de Villèle, lui qui, sur un budget d'un milliard, n'examine pas si on a tondu le clergé ou les émigrés, et pour qui les écus sont toujours légitimes; je voudrais le voir, dis-je, à la tête de cette trésorerie espagnole, semblable à ces torrens majestueux dont parle l'ancien testament, dont M. de Châteaubriand voit toujours les flots majestueux, et qu'on passe pourtant à pied sec depuis le premier janvier jusqu'au trente-un décembre de chaque année. C'est une belle chose que le romantisme.

Les richesses du clergé espagnol l'ont conduit à gouverner l'État; le gouvernement n'est plus qu'une pure théocratie qui soumet à sa puissance les Rois comme les peuples.

Les moines qui ont provoqué la guerre et qui ont rendu nos victoires faciles, veulent avant tout la conservation des droits qu'ils ont rattrapés à l'ombre de nos lauriers. Ce parti a pour appui, à peu d'exceptions près, tous ceux qui occupent des places actuellement, il a de plus tout ce qui est ignorant et barbare. Cette populace sans morale et sans religion, qui se met à la solde de tous ceux qui veulent commettre des crimes, pillages, vols, assassinats, incendies, et qui pour de l'argent assassine indifféremment le dernier prêtre comme le dernier *Négro.*

Les moines prêchent en chaire l'assassinat de tous les hommes éclairés et même de leur postérité; ils ne le font pas en prose seulement; comme d'autres, ils joignent à leur prose le luxe de la poésie. J'ai eu sous les yeux un écrit du chanoine *Cisneros,* imprimé à Burgos en juin 1823, qui ne s'arrête pas à des catégories, c'est *Mala-*

grida empruntant les couleurs du christianisme pour faire des martyrs; et ce moine a osé publier un pareil écrit en présence et sous la protection de nos frères, de nos enfans: il les prenait donc pour des bourreaux! Grâces au ciel et à la philosophie, les soldats, les compagnons de notre duc d'Angoulême ne ressemblaient pas aux catholiques compagnons de Pizarre et de cette vieille fouine qu'on appelle duc d'Albe.

Les grands d'Espagne et la noblesse n'ont depuis long-temps aucune espèce d'influence; ils demandaient une régénération à la nation régénérée, et cette nation leur a rendu des moines.

Les propriétaires, les capitalistes, les commerçans, les avocats, les médecins, les artisans, tout ce qui pense et vit de son travail appellait un nouvel ordre de choses : on leur donne des moines.

La perte des Amériques prive le trésor royal de trois cent millions de revenus ; mais, pour combler ce déficit, on rétablit des moines qui s'emparent des revenus de la Péninsule.

Les anciennes provinces ont repris leurs *fuéros* (priviléges), et refusent de concourir aux besoins de l'État ; les moines les encouragent dans ces dispositions monarchiques. Est-cé que les Espagnols auraient trouvé le secret de s'affranchir de toute espèce d'impôt en criant *vivat il Re netto?* ce serait un calcul comme un autre ; j'en ai vu de cette force, mais non pas en matière d'impôt ; nos ministres, quels qu'ils soient, n'entendent pas de cette oreille-là.

Jusqu'en 1821 on n'avait pas connu de situation générale des finances de l'Espagne. A cette époque, *Arguelles* présenta un mémoire aux Cortès sur cet important sujet, et c'est ce travail qui va servir de base à mes aperçus.

Dans ce mémoire, il présente au congrès une dépense de. R. de V. . 742,897,634

Et en recette. 197,128,440

Déficit. 545,769,194

Il propose la création de nouveaux impôts pour . . 267,873,096

Déficit réel 277,896,098

Notez que les impôts d'Arguelles sont rentrés dans les mains des moines.

L'industrie était si avancée en Espagne lors de la première invasion par les Français, qu'on citait un fabricant de draps de la Catalogne qui avait mis en campagne un commis-voyageur, chose inouïe jusqu'alors.

Il faut remarquer ici que dans le budget d'Arguelles, que je viens de rapporter, il n'est question que des intérêts de la dette

étrangère; il ne parle pas de la dette nationale, qu'on évalue à trois millards et demi
de francs.

Ainsi, plus de colonies, plus d'impôts,
une dette énorme, des moines qui gouvernent avec les poignards de quatre ou cinq
cent mille barbares; un roi qui ne voyage
qu'en faisant éloigner de quinze ou vingt
lieues une partie de la population; l'évêque
d'Osma, toujours des moines qui jouissent
de plus des deux tiers des revenus de
l'Espagne, ainsi que l'affirmait l'historien
Giannoni, soixante ans avant qu'*Arguelles*
l'eût démontré pièces en mains.

Mais lorsque notre armée, qui ne peut
pas occuper l'Espagne éternellement, se
retirera, qu'arrivera-t-il (1)?..... Je suis

______

(1) Les Espagnols ne se souviendront que de l'in-
jure : *Memoria beneficiorum fragilis.*

peu inquiet à cet égard : la France aura sans doute les loisirs d'un grand homme qu'elle pourra offrir à l'Espagne. M. de Châteaubriand (1) pourra la consoler de la perte des choses réelles par de brillantes fictions. Qui sait? ce sera peut-être *du couvent* de l'Escurial que sera daté le nouveau poëme en prose que médite le noble Pair (1).

Mais si l'ineptie, la fureur et une fausse politique, ne se fussent pas réunies pour accabler cette malheureuse Espagne, on

______

(1) Les masses sont mobiles et très-*impressionnables*, maniées par celui qui possède le talent de la parole. Heureusement M. le Vicomte n'a pas eu le ligneul bien coupé, il n'est bon quela plume à la main.

Il tourne au moindre vent, il tombe au moindre choc :
Aujourd'hui dans un casque, et demain dans un froc.

BOIL., Sat. VIII.

pouvait bien , même après l'invasion, prendre un parti raisonnable *à l'égard de cette soldatesque sacerdotale.* Sans aller puiser des leçons dans la révolution française , quoiqu'elle soit classique sur cette matière, on n'avait qu'à interroger l'histoire de France, la conduite de nos Rois à l'égard du clergé français.

Depuis les guerres civiles , le clergé de France s'était remis dans un ordre et dans une décence qui le distinguaient des autres prêtres de l'Europe. Il contribuait aux besoins de l'État, et comme l'État, quand il a des besoins, est le *premier pauvre*, le prétendu bien des pauvres sortait des cloîtres pour aller grossir l'épargne.

Jamais , en France, l'abus de la *monacaille* ne fut porté au point d'être matériellement nuisible à l'État : les Pères *La Chaise* et *Le Tellier* étaient redoutables par leurs intrigues, et non par leurs richesses.

Il est très-heureux, sans doute, pour l'agriculture et l'industrie, que les biens terrestres soient sortis des mains de ceux qui les avaient défrichés; mais le clergé de France était pauvre comparativement au clergé d'Allemagne, d'Italie et d'Espagne: l'évêque de Strasbourg était vingt fois plus riche qu'un évêque du centre de la France.

Tous les revenus de l'Eglise de France séculière et régulière, ne montaient pas, en 1790, à plus de quatre-vingt-dix millions.

Admettons, et c'est un fait, que ce revenu a doublé depuis dans la main des nouveaux possesseurs, ce qui fait aujourd'hui cent soixante millions.

Et qu'est-ce que cent soixante millions sur un sol qui paye un milliard de contributions?

Otez de la population monastique et religieuse les quatre-vingt-dix ou cent mille moines qui n'existent plus, il ne vous resĭera que cent trente ou quarante mille ecclésiastiques sur une population de trente millions d'âmes, et ces ecclésiastiques, portés au budget comme l'armée, ce qui est raisonnable et juste, n'inquiéteront pas l'Etat(1).

Le moment est venu de considérer l'Espagne sous un autre point de vue; bannissons toute feinte, la ruse devient désormais inutile. Je sais bien qu'on laissera résoudre le problème sans l'avouer; mais il sera ré-

------

(1) On exige que les hommes vivent en paix; c'est impossible. Voyez les tracasseries qui s'élevèrent contre ces exilés volontaires qui suivirent Napoléon sur son rocher. Leur union était pourtant le seul moyen d'adoucir les rigueurs de leur sort, et du sort de celui pour lequel ils se sacrifiaient. Charles-Quint, qui d'empereur se fit horloger, sentit bien la folie de l'entreprise lorsqu'il essaya, mais en vain, de mettre deux montres d'accord et de les faire *aller ensemble.*

solu, et les moines paieront tôt ou tard les frais de la guerre.

« Je suis ennemi des actions subtiles et feintes : et hay la finesse en mes mains, non-seulement récréative, mais aussi profitable. Si l'action n'est vicieuse, la route l'est. » *Montaigne, liv.* 1 *, ch.* xx.

Le progrès dans les sciences est l'ouvrage du temps et de la hardiesse de l'esprit; mais la morale et la police étant plus aisées à comprendre que les sciences, peuvent se perfectionner chez un peuple en l'absence des autres arts. Puisque nous nous mêlons de l'affaire des Espagnols, il fallait, avant tout, arracher ces plantes parasites qui s'opposeront toujours à l'établissement de ce premier besoin des peuples : la morale et la police.

NOTE.

L'Espagne se régénérera, c'est indubitable, il y a là force majeure; mais puisque tout y est à refaire à neuf, pourquoi les hommes qui seront appelés à ce grand œuvre ne s'empareraient-ils pas d'une vérité qui me paraît frappante en matière de subsides, c'est que la contribution doit être proportionnée, non pas à la fortune des citoyens, mais à leur superflu?

Jamais il n'y aura ni justice ni ombre d'égalité *en Espagne* tant que, pour payer l'imposition, il faudra que l'un donne la moitié du pain qui fait sa subsistance, tandis que l'autre en sera quitte par le sacrifice d'une loge dans le théâtre de quelque *Brunet taureador*.

Les agitations des peuples, quelles qu'en soient les causes immédiates ou apparentes, n'ont jamais au fond qu'un seul but, celui de se délivrer du fardeau des impôts. Les raisonnemens les plus subtils

de tous les applicateurs d'impôts, n'étourdiront jamais les peuples sur ce grand principe, « Que celui-
»là ne doit rien, qui n'a que le strict nécessaire. »
C'est-à-dire que les contributions ne doivent porter
pour chaque individu, que sur la portion de sa fortune qui excède une portion déterminée, jugée in-
dispensable aux premiers besoins de l'homme. Nous
avons vu l'effet magique d'un seul mot en matière
d'allégement d'impôts; « *plus de droits réunis* »,
prononcé par Mgr. le duc d'Angoulême, souleva
tout le midi de la France contre le colosse impérial.

M. le comte de Marcellus est arrivé à la Chambre
des Pairs quoiqu'il n'eût fait que de méchans vers
et de la prose de bedeau; mais il avait plaidé pour
les *piquettes*.

J'aurais bien d'autres exemples à citer.

Le tourment des impositions n'est pas le seul que
le peuple espagnol ait à supporter. L'agiotage horrible qui se fait à Paris sur son emprunt royal, les
concussions des préposés ne le désolent pas moins;
c'est de sa sueur que se forment les ressorts de cette
race pestiférée, dont tout l'art s'applique à discré-

diter les billets espagnols, ou à en relever le crédit, pour mettre à contribution tantôt l'espérance, tantôt les alarmes des crédules prêteurs et des malheureux contribuables.

CONCLUSION.

Le gouvernement représentatif, non pas tel que nous l'avons, mais tel que la Charte l'a constitué, a pour but de faire vivre ensemble deux ennemis éternels : le pouvoir et la liberté ! Si dans cette espèce de gouvernement la liberté l'emporte, elle devient anarchie : si, au contraire, le pouvoir absorbe la liberté, il devient despotique. La liberté est jalouse : le pouvoir est ombrageux. Le pouvoir doit se conserver avant tout, car sans lui pas de liberté. La liberté doit plier dans les grandes crises seulement, le pouvoir doit rétablir les choses *in statu quo* lorsque la crise est passée.

Dans un gouvernement représentatif qui n'est pas une dérision, un ministre, homme d'Etat expose franchement le danger de la patrie ou de la royauté; il demande la suspension de la liberté de la presse, de l'*habeas corpus,* des subsidés extraordinaires. L'opposition se lève spontanément, seconde le ministre, l'aide à sauver la patrie. Nous l'avons vu lorsqu'il fut question de l'évacuation de notre territoire.

Nous avons vu également le ministère abuser de ces concessions, même après la crise: l'opposition redemander l'exécution de la Charte, et cette opposition insultée, diffamée, ses organes destitués de leurs emplois et traités de jacobins.

La Charte a cependant voulu une opposition légalement constituée. Je la cherche, je ne la vois nulle part: Il ne faut pas prendre les cris de M. Châteaubriand et de sa coterie pour de l'opposition : c'est une rumeur d'antichambre : que le maître dise un mot, tous ces laquais vont se taire.

Le temps nous dévoile chaque jour quelque nouvelle vérité ; celle-ci entre autres : c'est que les choses vont comme si nous jouissions de tous les droits que la Charte nous accorde. On pleure, on rit *ad libitum :* tout le monde est ou paraît content. On ne pense pas plus à la liberté, cette noble faculté de l'homme, que si l'on n'en avait jamais parlé.

Trois millions de héros sont morts depuis trente ans pour la conquérir. Un Prince législateur crut que nous avions mérité d'en jouir. Serait-il mort désabusé?

Eh quoi ! ne serions-nous que des ligueurs, des frondeurs, des révolution-

naires? chanterions-nous encore sous Mazarin? danserions-nous à côté des écha-
fauds? ne nous faudrait-il que du républi-
canisme ou de la servilité, la fête de l'Être-
Suprême ou les jésuites, les massacres de
septembre ou des couvens?

N'aurions-nous aboli, poursuivi l'ancienne noblesse que par jalousie, pour
profiter de ses rangs, de ses biens, de ses
cordons?

Après trente ans d'instabilité, aurions-
nous retrouvé cette population de gens
du bon ton, de ces jeunes officiers de
salon, de ces magistrats oisifs, de ces
petits-maîtres charmans, qui savent tout
sans rien apprendre; qui regardent tout
sans rien voir, qui jugent de tout sans rien
écouter. Serions-nous encore un peuple
chantant et dansant? ne nous faudrait-il

que des couplets et des cabrioles? n'aurions-nous été philosophes que par hasard?
porté le masque du libéralisme que par
air? Le feu de nos sacrifices ne serait-il al-
lumé qu'aux rayons de l'or? enfin, serions-
nous citoyens par système un peu plus que
par sentiment? Dans ce cas, il était bien
inutile d'étudier, pour le corriger, l'esprit
du gouvernement auquel nos pères avaient
la sagesse de se prêter sans affectation.
Nous nous serions épargné de grands regrets, et à nos ministres une prodigieuse
dépense de mensonges pour nous ramener
au point d'où nous sommes partis.

Erat perversissimis oculis.
Cicer. de Orat.

J'ai vu tant de choses si contradictoires,
tant d'hommes si versatiles, je vois tant de
marionnettes, qu'en vérité je suis forcé de

dire, en politique, ce qu'a dit en haute morale ce vieux père de la philosophie, que les rochers de mon Périgord ont vu naître et mourir : *Que sais-je.*

NOTE.

L'abbé Vertot, après avoir terminé son livre de la conjuration de Venise, reçut des documens authentiqués qui disaient tout le contraire de ce qu'il avait écrit. « Tant pis pour les documens véritables, répondit-il, mon livre est fait. » Mon livre était fait lorsque Charles X a aboli la censure, et cet acte si éclatant, si bon, si juste, m'a trouvé impitoyable ; je n'ai pas voulu changer un seul mot dans mes conclusions. *Mens immota manet, lacrymæ volvuntur inanes.* Virg. En. Liv. iv.

J'en ai *tant vu, tant vu*, disait si espièglement madame Dugazon dans le *Calife de Bagdad.....*, que je veux voir encore. *In omnibus respice finem,* En toutes choses voyons la fin.

Mais que sera-t-elle cette fin si, sortant de l'ornière dans laquelle nous barbotons depuis trente ans, nous nous transportons dans l'ordre *général?* Elisabeth de France monte sur l'échafaud; Robespierre l'y suit un instant après : l'ange et le monstre

s'étaient soumis en entrant dans le monde à toutes
les lois *générales* qui le régissent. *Tout homme,*
en qualité d'homme, est sujet à tous les malheurs
de l'humanité. Ne chantons donc pas victoire avant
la fin du combat. Je l'ai dit au commencement de ce
livre, et pour que le lecteur ne l'oublie pas je vais
le répéter : « Tel est le peuple de France, sensible
»jusqu'à l'enthousiasme, et capable de tous les excès
»dans ses affections comme dans ses murmures. »

Je trouve dans la philosophie indienne un morceau de prose qui vaut mieux que tout mon livre, je
vais le transcrire ici pour servir et valoir *ce que de*
raison.

« Que le Roi donc, lorsqu'il aura bien et dûment
»considéré le lieu, le temps, ses propres forces, et
»la loi divine, inflige les peines justement à tous
»ceux qui agissent injustement : le châtiment est un
»gouverneur actif; il est le véritable administrateur
»des affaires publiques ; il est le dispensateur des
»lois, et les hommes sages l'appellent le *répondant*
»de l'Etat. Le châtiment gouverne l'humanité en-
»tière, le châtiment la préserve; le châtiment veille

» pendant que les gardes humaines dorment. Le sage
» considère le châtiment comme la perfection de la
» justice. Qu'un Monarque indolent cesse de punir,
» et le plus fort finira par faire rôtir le plus faible.
» La race entière des hommes est retenue dans l'or-
» dre par le châtiment ; car l'innocence ne se trouve
» guère, et c'est la crainte des peines qui permet à
» l'univers de jouir du bonheur qui lui est destiné.
» Toutes les classes seraient corrompues, toutes les
» barrières seraient brisées, il n'y aurait que confu-
» sion parmi les hommes, si la peine cessait d'être
» infligée, ou *l'était injustement ;* mais lorsque la
» Peine au teint noir, à l'œil enflammé, s'avance
» pour détruire le crime, le peuple est sauvé si le
» juge a l'œil juste. »

Sir William's Jones' Works, t. iii, p. 223-224.

Ce passage remarquable contrariera nos philanthropes ; mais Hippocrate, dont l'autorité en vaut
une autre, n'avait-il pas dit : *L'homme entier n'est
qu'une maladie.* (Lettr. à Dem., tom. ii, p. 925.)
Nous ressemblons un peu, dans la partie intellec-
tuelle, au serpent du Tasse, *se i dopo se tira.*

C'est dans cette partie que nous sommes véritablement blessés à mort. Nous ne savons ce que nous voulons, *nous voulons ce que nous ne voulons pas*, nous ne voulons pas ce que nous voulons : enfin nous voudrions vouloir.

CATACOMBES

DE MONT-ROUGE.

Ces Messieurs se cachent à Paris sous le nom de Pères de la foi, tandis qu'on les préconise dans les provinces, et que des agens de l'autorité remettent à domicile un petit écrit imprimé à *Avignon, chez Laurent Aubanel.* Un de ces imprimés m'est tombé sous la main, et c'est d'un vieux jacobin devenu dévot que je le tiens.

Il m'a paru juste de lui donner toute la publicité qu'il mérite, me proposant d'ailleurs de le réfuter dans une de mes premières Lettres. Les jésuites ne peuvent que gagner à être connus.

DE QUELQUES ATTAQUES

CONTRE LES JÉSUITES.

———

Lorsque la faction ennemie de l'autel et du trône a lancé officiellement, par l'organe de tous ses journaux, un manifeste violent contre une société illustre., qui commande au moins aujourd'hui aux honnêtes gens le respect dû au malheur; lorsque ce parti a épuisé contre elle tout ce que la haine a de plus virulent et l'insulte de plus amer, il sera bien permis, je pense, aux amis de la vérité et de la justice, d'élever la voix en faveur de ces hommes qui ont rempli l'univers de la renommée de leurs travaux pour la religion et les sciences, et de la gloire de leurs succès pour les progrès de la civilisation chez les peuples les plus éloignés.

S'il se rencontrait des hommes liés par le généreux dessein de se dévouer au bien de leurs semblables, si, touchés de la dégradation et de la misère de l'homme dans l'état sauvage, ils formaient le noble projet de réunir en société des peuples dispersés dans l'horreur des forêts, de leur donner des lois et de les éclairer des lumières de la civilisation; si ces hommes généreux, non contens de tenter avec courage l'exécution d'un si beau dessein, le conduisaient encore avec autant de persévérance que d'habileté, et que le succès couronnât leurs efforts; si leur humanité, leur douceur, l'exemple de leur vertu et le spectacle de leur vie entière, finissaient par toucher ces peuples grossiers, et qu'ils *vinssent d'eux-mêmes demander à connaître la loi qui rend les hommes si parfaits;* si la philosophie voyait se réaliser enfin le vœu si souvent exprimé d'une société fondée sur l'humanité et la vertu; d'une société dont le lien ne fût pas l'intérêt et l'amour de soi, mais l'amour des citoyens les uns pour les autres; d'une société où *la vengeance publique n'eût jamais été dans la triste nécessité de condamner un seul individu à la mort ou à l'ignominie;* où l'on ignorât jusqu'aux noms de procès et d'impôts,... certes, les législateurs d'un tel peuple seraient appelés à juste titre les bienfaiteurs de l'humanité, et il faudrait les honorer, non comme de simples mortels, mais, en quelque sorte, comme la Divinité, dont ils auraient reproduit la noble image.

Quels sont, direz-vous, ces hommes vertueux, ces êtres surhumains poursuivis avec tant de fureur, et que leurs ennemis ont pris soin eux-mêmes de venger? Faut-il prononcer leur nom et celui de leurs défenseurs? Ne vais-je pas être traité de contempteur du siècle, de fauteur de la superstition, d'ennemi public enfin, si je nomme les JÉSUITES autrement que pour leur insulter? car dire des injures pour des raisons, cela s'appelle, au siècle de la raison, de la force d'esprit et de la philosophie.

Ecoutez donc le plus tranquillement que vous pourrez (car des philosophes ne doivent jamais descendre des hauteurs de leur impassibilité philosophique, et ils jugent tout avec calme, même les Jésuites...), écoutez le jugement que portèrent de cette société célèbre des hommes dont vous n'avez jamais songé jusqu'ici à récuser l'autorité; car ils ont tous plus ou moins attaqué la religion et les prêtres, et ce doit être un titre d'estime et de confiance auprès de vous. Et puisque, au milieu de toutes les injures prodiguées à cette Société célèbre, on a osé nommer le *Paraguay*, et que son existence et son gouvernement dans cette contrée ont été mis au nombre des griefs qu'on lui reproche, il sera très-piquant d'entendre ici les magnifiques éloges que la vérité et l'admiration arrachèrent aux philosophes en sa faveur.

« Le Paraguay, dit l'auteur de *l'Esprit
» des lois*, peut nous fournir un exemple
» de ces institutions singulières *faites pour
» élever les hommes à la vertu. On a
» voulu en faire un crime à la Société
» des jésuites, mais il sera toujours beau
» de gouverner les hommes en les ren-
» dant heureux.* Il est glorieux pour elle
» d'avoir été la première qui ait montré
» dans ces contrées l'idée de la religion

»jointe à celle de l'humanité..... Un senti-
»ment exquis qu'a cette Société pour ce
»qu'elle appelle honneur, et son zèle pour
»la religion, lui ont fait entreprendre de
»grandes choses, et elle y a réussi (1). »

Ecoutez Buffon, dont cette citation ne scandalisera pas peu le *Constitutionnel :*
« Les missions ont formé plus d'hommes
»dans les nations barbares que n'en ont
» détruit les armées victorieuses des princes
»qui les ont subjuguées. *La douceur, la*
» *charité, le bon exemple, et l'exercice*
» *de la vertu constamment pratiquée par*
» *les jésuites, ont touché les sauvages et*
» *vaincu leur défiance et leur férocité. Ils*
» *sont venus d'eux-mêmes demander à*
» *connaître la loi qui rendait les hommes*

---

(1) *Esprit des lois,* liv. IV, ch. vi.

» *si parfaits;* ils se sont soumis à cette loi,
» et réunis en société. *Rien ne fait plus*
» *d'honneur aux jésuites que d'avoir ci-*
» *vilisé ces nations, et jeté les fondemens*
» *d'un empire sans autres armes que*
» *celles de la vertu* (1).

Certes, on n'accusera pas Robertson
d'être trop favorable aux institutions de
l'église romaine, et les historiens anglais
ne sont pas accoutumés à la gâter. Voici
comme il s'exprime sur les jésuites du Paraguay, dans son Histoire de Charles-Quint:
« Les conquérans de cette partie du globe,
» dit ce grand historien, n'avaient eu d'au-
» tre objet que de dépouiller, d'enchaîner,
» d'exterminer ses habitans ; les *jésuites*

---

(1) Histoire naturelle sur les variétés de l'espèce
humaine.

» *séuls* s'y sont établis dans des vues d'hu-
» manité. »

Mais entendez le témoignage d'un des
plus fougueux apôtres de la philosophie au
dix-huitième siècle, et venez après nous
entretenir de l'ambition, de la cupidité et
du fanatisme des Jésuites, dont quelques
hommes imprudens ou ambitieux, quelques théologiens inexacts, ridicules ou même
erronés, ne peuvent pas plus faire condamner la Société entière que le grand
nombre d'écrivains absurdes ou impies qui
ont pris le nom de philosophes, ne doit
faire condamner la véritable philosophie.

« Rien, dit Raynal dans son *Histoire*
» *politique et philosophique* (et je ne
» pense pas que, quoique prêtre, l'autorité
» de Raynal vous soit suspecte), rien n'é-
» gale la pureté de mœurs, le zèle doux et
» tendre, les soins paternels des jésuites

» du Paraguay. Chaque pasteur est vraiment
» le père comme le guide de ses paroissiens;
» on n'y sent point son autorité, parce qu'il
» n'ordonne, ne défend et ne punit que ce
» que punit défend et ordonne la religion
» qu'ils adorent et chérissent tous comme
» lui-même. Gouvernement où personne
» n'est oisif, où personne n'est excédé de
» travail; où la nourriture est saine, abon-
» dante, égale pour tous les citoyens, qui
» sont commodément vêtus, commodément
» logés; où les vieillards, les veuves, les or-
» phelins, les malades, ont des secours *in-*
» *connus sur le reste de la terre*..... où
» l'on jouit des avantages du commerce sans
» être exposé à la contagion des vices du
» luxe; où des magasins abondans, des se-
» cours gratuits entre des nations confédé-
» rées par la fraternité d'une même religion,
» sont une ressource assurée contre la di-

» sette qu'amènent l'inconstance ou l'intem-
·périe des saisons; *où la vengeance publi-*
·» *que n'a jamais été dans la triste néces-*
» *sité de condamner un seul individu à*
» *la mort, à l'ignominie*, à *des peines de*
» *quelque durée; où l'on ignore jus-*
» *qu'aux noms d'impôts et de procès.* »

Il faut en vérité que le *Constitutionnel*
ait eu un degré peu commun de confiance,
et une bien imperturbable sécurité dans
l'ignorance de ses lecteurs pour avoir osé
nommer le Paraguay au milieu de ses dia-
tribes contre une Société célèbre! Voilà,
de l'aveu même des philosophes, le règne
de l'âge d'or sous le gouvernement des jésuites! O quel scandale pour la philosophie!
et ce gouvernement ne ressemblait pas à
celui de ces hommes que le grand Frédéric
avait si bien devinés lorsqu'il disait d'eux
que, *s'il avait une province à châtier,*

il la donnerait à gouverner un an ou deux aux philosophes. Au reste, ce n'est pas la première fois que la philosophie a été forcée de rendre hommage à ce qu'elle attaquait; écoutez cet oracle remarquable : « *La philosophie ne fait aucun bien que* » *la religion ne le fasse mieux encore,* » *et la religion en fait beaucoup que la* » *philosophie ne saurait faire.* » Qui a dit cela ? est-ce un prêtre ? est-ce un moine ? est-ce un jésuite ? non; c'est un philosophe, et le plus fameux de tous, Jean-Jacques Rousseau.

A ces témoignages nous joindrons encore celui de l'astronome Lalande qui écrivait dans le *Bulletin de l'Europe* : « Le » nom de jésuite intéresse mon cœur, mon » esprit et ma reconnaissance. On a beau- » coup parlé de leur rétablissement dans le » Nord; ce n'est qu'une chimère; mais elle

» m'a rappelé tous mes regrets sur l'aveu-
» glement des gens en place en 1762.... Car-
» valho et Choiseul ont détruit sans retour
» *le plus bel ouvrage des hommes, dont*
» *aucun établissement sublunaire n'ap-*
» *procha jamais*, l'objet éternel de mon
» admiration, de ma reconnaissance et de
» mes regrets. » Heureusement ce n'est pas
à *Mont-Rouge* que cela a été écrit........

Après toutes ces autorités, que la philosophie ne peut récuser, nous en citerons
une d'un autre genre. « Que peut-on re-
» procher aux jésuites ? (lisons-nous dans le
» *Génie du Christianisme*) une *prétendue*
» ambition qui n'était chez eux que celle
» du zéle. *Il sera toujours bien*, dit Mon-
» tesquieu, *de gouverner les hommes en*
» *les rendant heureux*. Pesez la masse du
» bien que les jésuites ont fait ; souvenez-
» vous des écrivains célèbres que leur Corps

» a donnés à la France , ou de ceux qui se
» sont formés dans leurs écoles ; rappelez-
» vous les royaumes entiers qu'ils ont con-
» quis à notre commerce par leur habileté ,
» leurs sueurs, et leur sang ; repassez dans
» votre mémoire les miracles de leurs mis-
» sions en Canada , au Paraguay , à la Chine,
» et vous verrez que le peu de mal dont les
» philosophes les accusent, *ne balance pas*
» *un moment les services qu'ils ont ren-*
» *dus à la société.* »

L'illustre chancelier Bacon , dont le témoignage est si imposant, n'hésitait pas à
se mettre au-dessus des préjugés de sa nation et de l'église protestante pour rendre
justice aux jésuites , et il regrettait de ne
pas les voir établis dans sa patrie. « Je ne
» puis voir, écrivait-il, l'application et le
» talent de ces maîtres pour cultiver l'esprit
» et former les mœurs de la jeunesse , que

» je ne me souvienne du mot d'Agésilaüs sur
» Pharnabaze : *Étant ce que vous êtes ,*
» *pourquoi faut-il que vous ne soyez pas*
» *à nous* (1) ? »

Je crois que l'on a eu l'impudeur d'exhumer de la fange , où elles étaient ensevelies
depuis long-temps, je ne sais quelles ridicules accusations de régicide contre les
jésuites , et je ne sais même si l'on n'a pas
parlé de l'attentat de Damiens.....en tout
cas voici comme s'exprimait Voltaire sur
ces calomnies, dans une lettre à Damila-
ville : « Vous devez voir que je n'ai pas
» ménagé les jésuites ; mais je souleverais
» la postérité en leur faveur, si je les ac-
» cusais d'un crime dont l'Europe et Da-
» miens les ont justifiés. *Je ne serais qu'un*
» *vil écho des jansénistes si je parlais au-*

____

(1) Lettre du 2 mars 1763.

» *trement* (1). » Voltaire écrivait encore dans son *Siècle de Louis XIV*, au sujet de l'injuste condamnation et de l'horrible exécution du jésuite Malagrida, accusé aussi de complot contre la personne du roi en Portugal : « *Ce fut l'excès du ridicule* » *et de l'absurdité, joint à un excès* *d'horreur.* »

L'on a cherché à répandre que le clergé de France n'avait pas été favorable aux jésuites. Rien n'est plus faux, et les évêques réunis dans les assemblées du clergé de 1761 et de 1762 adressèrent à Louis XV les plus pressantes exhortations pour la conservation de la Société des jésuites, en disant que *leur suppression porterait un notable préjudice à leurs diocèses et à l'instruction de la jeunesse, et qu'il se-*

____

(1) *De dignitate et augm. scient.*

rait très-difficile de les remplacer avec la même utilité.

Mais leur perte était jurée et c'était en vain que notre dauphin, père de notre roi, avait plaidé leur cause avec chaleur dans le conseil, contre l'avis des ministres. Leurs ennemis craignirent que ce prince religieux ne rétablît la Société lorsqu'il serait monté sur le trône, et ils firent éclater une joie indécente en apprenant sa mort, qui plongea la France dans le deuil et prépara les voies à la révolution. « Le Dauphin n'a plus » que quelques jours à vivre, écrivoit lord » Walpole, alors à Paris, au général Con- » way ; *la perspective de sa mort remplit* » *les philosophes d'une grande joie*, par- » ce qu'ils redoutaient ses efforts pour le » rétablissement des jésuites. » Joie exécrable, et qui fit naître sans doute les soupçons qui se manifestèrent dans ce temps-là sur

l'*opportunité* de cette mort pour la secte
qui travaillait à la ruine de l'autel et du
trône.

Il serait difficile d'ajouter quelque chose
aux éloquens témoignages qu'on vient de
lire en faveur de ces hommes que d'o-
dieuses calomnies réussirent à perdre, tandis qu'au contraire elles les affermiraient
aujourd'hui, si la Providence, qui se rit
des vaines pensées des hommes et de leurs
orgueilleux préjugés, jugeait leur rétablissement nécessaire à ses impénétrables des-
seins. Personne ne croit plus que les jésuites
veuillent tuer les rois, et le *Constitutionnel* le croit encore moins que nous, *nec
pueri credant.....* On ne fait peur à personne aujourd'hui avec les mots de *Mont-
Rouge* et de *Saint-Archeul* ; les *Provinciales* un peu lourdes du *Port-Royal* de
la rue Tiquetonne n'amusent guère et la

Cour et la ville ; et plus d'un libéral qui crie contre certaines institutions y envoie sans bruit ses enfans..... Bien des gens, sans doute, savent ce qu'ils doivent à leur parti, mais ils savent encore mieux ce qu'ils doivent à leur titre de père de famille, et après avoir payé au *libéralisme*, ou ce qu'ils prennent pour tel, un petit tribut de déclamation *obligé*, ils songent à l'avenir de leurs enfans, chose plus obligée encore.

Aussi toutes ces accusations ont fait peu fortune, même auprès des électeurs auxquels l'article des journaux libéraux était adressé : et il y a paru..... La religion est plus forte qu'un journal et que tous les journaux ensemble, et toutes ces attaques ne sauraient atteindre ces missionnaires qui tiennent leur *mission* d'un peu plus haut que le *Comité directeur;* mais lorsqu'on les voit insulter aujourd'hui, il est consolant de se souvenir quelles voix s'élevèrent autrefois en leur faveur. Qu'on oppose les noms de leurs panégyristes aux noms de leurs détracteurs ; et lorsqu'on verra pour eux Montesquieu, Buffon, Robertson, Raynal, Voltaire lui-même, qui les a vengés des *Provinciales*, en parlant de *l'absurdité d'attribuer à tout un corps les opinions de quelques individus*, de grâce, que l'on ne croie pas tout perdu si l'on trouve contre eux des journaux dont la violence est toujours un préjugé favorable pour la cause qu'ils attaquent. Cependant il faudrait se souvenir que les outrages de la calomnie contre un corps illustre ne portent pas bonheur à une nation, et que l'oppression publique de la vérité et la haine de la religion, librement exprimées, n'attirent pas de bénédiction sur un gouvernement.....

Je finirai par une réflexion dont je sou-
mets l'importance à la sagacité du lecteur.
Tous les hommes de bien ne sont peut-être
pas *encore* les amis des Jésuites, mais tous
les méchans sont leurs ennemis, et cet ar-
gument, plus philosophique qu'on ne pense,
est décisif en leur faveur. Toute l'écume de
la société est aujourd'hui en fermentation
contre toute puissance, toute institution
qui pourrait y ramener l'amour de la religion et de l'ordre, l'obéissance à l'autorité
des Rois, et une soumission filiale au chef
auguste de l'Église; et, à cet égard, la Société des Jésuites doit inspirer à quelques
hommes de vives craintes et des haines
violentes. Il se peut enfin qu'un nuage de
préjugés et d'erreurs voile encore pour un
temps aux yeux de quelques hommes es-
timables tout ce que cette Société a fait
dans les quatre parties du monde pour les
progrès de la civilisation et du christia-

nisme , qui en est la source , le moyen et le terme ; mais un temps viendra, et il n'est peut-être pas éloigné , où ces nuages seront dissipés et où toute justice sera rendue à des hommes dont la dispersion et la ruine durent précéder la dispersion des prêtres et des rois , et la ruine de l'ordre social en France et dans une grande partie de l'Europe.

Henri DE BONALD.

M. de Bonald aurait pu grossir la liste des apologistes des Jésuites , du nom de M. Dallas, écuyer anglais et protestant. Cet homme, que l'amour de la vérité a mis au-dessus des préjugés de sa secte , écrivait en 1815, dans un ouvrage intitulé : *Nouvelle Conspiration contre les Jésuites, dévoilée et brièvement expliquée ;* dédié à M. Can-

ning , alors ambassadeur en Portugal ,
qu'ayant formé le projet d'étendre la connaissance et la pratique de la religion parmi
les nègres des Indes occidentales , il recher-
cha quels avaient été les moyens qui avaient
si bien réussi dans les pays catholiques , et
que la conduite des Jésuites dans l'Amérique
méridionale, excita son admiration. Il exa-
mina leurs ouvrages, il interrogea l'histoire,
et se convainquit qu'une injuste conspiration avait causé la destruction des Jésuites
en France. M. Dallas, qui a examiné sans
préjugés ce qui regarde les Jésuites , se
propose de les venger d'accusations injustes
et passionnées. Il est parfaitement désintéressé dans cette affaire, et ne connaît, dit-il ,
aucun Jésuite.

Il pèse donc les autorités pour et contre;
il nomme les magistrats auteurs des *Comptes rendus* en 1761 et 1762 , d'Alembert,

Coudrete, etc., qui ont grièvement inculpé les Jésuites. Notre protestant, après avoir discuté leurs principales objections et les avoir réfutées par les faits et par les témoignages contraires, déclare qu'il lui paraît démontré que les philosophes, les jansénistes et les magistrats se liguèrent pour détruire la Société. D'Alembert lui-même en a fait l'aveu formel. Il s'attache même à venger leurs constitutions. L'article de l'éducation excite surtout son attention, et il déplore le tort qu'a reçu cette partie si intéressante et la suppression de tant d'écoles où la discipline et les études étaient également soignées. Il a mis à la fin de son volume l'avis *des Evêques de France* en faveur des Jésuites, en 1761 (1). Dans un

----

(1) On le trouve chez Louis, et chez Adrien Leclerc, libraires, à Paris.

autre ouvrage récent qui a pour titre :
*Nouvelles Considérations philosophiques
et critiques sur la Société des Jésuites, et
sur les causes et les suites de leur destruction* (1) ; l'auteur qui ne se nomme pas,
mais que l'on sait être un Sulpicien, supérieur du grand Séminaire, examine dans le
plus grand détail cette fameuse affaire.
Il discute tout, il répond à tout, et rend
le témoignage le plus éclatant à l'innocence
des Jésuites. Il déclare, au reste, qu'il ne
leur a aucune obligation.

Une réflexion qui doit frapper toute personne qui pense, est celle-ci : Si les Jésuites
étaient réellement des régicides et les cor-
rupteurs de la morale évangélique, comme
leurs adversaires les en accusent, ceux-ci,

____

(1) Se trouve également chez Leclerc, et chez
Lebel, libraires, à Paris.

dont on connaît la haine pour la religion et pour les Rois, les chériraient, les defendraient, ainsi qu'ils aiment et défendent tous les impies, les conspirateurs et les hommes pervers. (*Si vous étiez du monde*, disait autrefois Jésus-Christ à ses disciples, *le monde vous aimerait.*) La fureur avec laquelle ils les décrient et ne cessent de les attaquer est donc une preuve incontestable de leur innocence. D'ailleurs la révolution a fait assez connaître les uns et les autres. Les Jésuites en ont constamment combattu les principes : Les *Beauregard*, les *L'Enfant*, les *Feller*, les *Barruel*, etc., etc., ont défendu l'autel et le trône jusqu'au dernier soupir, tandis que leurs ennemis ont été les artisans, les propagateurs ardens de cette fatale révolution, et ont envoyé à l'échafaud Louis XVI, son héroïque épouse et la vertueuse Elisabeth. Plusieurs de ces derniers figurent dans le jugement sacrilége des royales victimes ; on défie le détracteur des Jésuites d'y montrer le nom d'aucun d'eux.

La Société n'a pas eu de défenseur plus éloquent que le grand HENRI. Au reste, Pie VII et un grand nombre de Souverains ont pris soin de la justifier (1).

———

C'est à quoi je me propose de répondre en temps et lieu. M. de Bonald a eu raison de faire circuler clandestinement cet écrit; il n'a rien infirmé, rien détruit. Je n'aurai pas besoin, pour le réfuter, d'exhumer même Pascal; je ne me servirai que de M. *de Mestre,* dont le livre compte à peine dix ans d'existence.

Il faut être bien osé pour appeler *la lie*

———

(1) J'aime assez la définition de ce jésuite espagnol, qui, pour expliquer les causes finales, disait que les perdrix avaient été créées pour les prêtres.

de la société tous les Magistrats de l'ancienne France, tous les hommes honora-
bles qui, pour soustraire la France au joug
ignominieux des Papes, défendirent si courageusement les libertés de l'Église gallicane.
Votre char jésuitique n'ira pas sur quatre
roulettes, monsieur l'abbé; vous trouverez
à qui parler. Le véritable et vénérable clergé
français aura le bon esprit de ne pas se
commettre dans une discussion qui ne le
regarde pas. En thèse générale un curé est
un sujet fidèle, un honnête homme; un
Jésuite n'est qu'un factieux, un janissaire
romain.

Il y a une vingtaine d'années, j'étais jeune alors, et je faisais, rue de la Verrerie, de cette *grosse* prose que les notaires (ces braves et honnêtes gens qui font fortune comme Fénélon dit qu'il faut faire de la morale, en s'amusant) vendent si cher; m'amusant à bouquiner sur les quais, je découvris deux petites brochures, l'une était le *Livre rouge,* et l'autre un Mémoire au Roi, présenté en 1791. Je prie le lecteur de prendre garde à cette date : 1791.

J'ai perdu ces deux brochures. Si parmi mes lecteurs il se trouve une âme charitable qui possède ce *livre rouge* , je la prie de m'en faire cadeau.

Je viens de retrouver *un extrait seulement* du mémoire au Roi. Je vais le consigner ici pour y recourir lorsque j'aurai occasion d'en faire usage. Cette occasion ne se fera pas beaucoup attendre:

AU ROI LOUIS XVI.

« Le Roi est comme le pilote d'un vaisseau : l'État, qui est le vaisseau, est porté sur les flots ; les flots sont le peuple. Le Pilote doit sauver le vaisseau et ne s'en séparer jamais. Sa manœuvre doit varier comme le temps et suivre tous les mouvemens des flots qu'il domine à la vérité, mais qui peuvent le submerger. Or, nous voyons dans l'histoire que les rois de France ont toujours péri, ou se sont toujours conservés par la *partie forte* de leur temps. Je vais expliquer ma pensée.

» La reine Brunehaut, pour avoir commencé trop tôt l'ouvrage de Louis XI, c'est-à-dire, l'abaissement des seigneurs. Clotaire fut non-seulement obligé d'abandonner son aïeule, mais de la donner lui-même aux seigneurs, qui étaient tellement la *partie forte* de son temps, qu'ils pouvaient détrôner les rois et dépouiller l'église impunément.

»Sous la seconde race, les évêques se trouvèrent la *partie forte* ; aussi pour n'avoir pas su se coaliser avec eux, les descendans de Charlemagne furent déposés par eux. Louis-le-Débonnaire et un de ses enfans avouaient ne tenir leur sceptre que des évêques.

»François Ier et Henri IV se disaient *les premiers gentilshommes de leur royaume :* et cette phrase, qui perdrait à jamais Louis XVI, leur réussit à merveille ; parce que ces rois, qui étaient embarrassés dans des guerres malheureuses, ne pouvaient régner que par la noblesse, qui était la

partie forte , et qui dominait dans les armées , et dans le reste de l'Europe , par cet
esprit de chevalerie qui n'existe plus.

» Louis XIII et surtout Louis XIV , ayant
réuni tous les pouvoirs et donnant à leurs
peuples la brillante et constante distraction
des victoires et des grandes entreprises, ne
laissèrent pas de dominer par la *partie
forte* de leur temps : je veux dire par la
noblesse et par l'Église réunies.

» L'argent ayant enfin tout égalé , parce
que tout courait après lui , Louis XV a vécu
nonchalamment des miettes de la table de
Louis XIV , et ce qui en restait n'a pu conduire Louis XVI qu'à la quinzième année
de son règne.

» A cette époque les esprits n'attendaient
qu'un prétexte pour remuer : la crainte de
la banqueroute l'a fourni et a forcé les
États-généraux.

» Dès ce moment il y a eu transport de souveraineté. Quatre factions ennemies, (chose unique dans l'histoire) se sont donné la main pour faire une révolution :

1°. Les restes des Jansénistes et tous les parlementaires, qui voulaient détruire la piaffe du haut clergé ;

2°. Les Protestans, qui voulaient détruire Rome ;

3°. Les capitalistes, qui voulaient les biens du clergé :

4°. Enfin la tourbe des philosophes et des raisonneurs, qui voulait abolir la noblesse.

RÉFLEXIONS PARTICULIÈRES.

Plusieurs personnes., aux bonnes intentions desquelles je rends pleine justice, ont blâmé, dans mon intérêt, la publication *intempestive* de mon livre, *Curiosité* et *Indiscrétion*. Trois graves magistrats, devant lesquels j'ai des procès qui *pendent,* ont cru se reconnaître dans un de mes portraits et m'ont dit positivement : « Monsieur, quand on a besoin de la justice on n'attaque pas les juges ». Lá vérité est qu'en traçant le portrait en question je n'avais en vue aucun des plaignans; et quand l'un d'eux eût été le personnage de mon tableau , quel crime aurais-je commis, et quelle plus belle justice peut-on rendre à l'impartialité d'un magistrat que de peindre ses travers, alors même que notre fortune dépend de lui et de sa conscience?

A l'égard de la publication de mon premier livre, j'ai cru devoir la faire, je la ferais encore. J'ai vécu, pendant douze ou quinze ans, isolé, au milieu d'une compagnie composée en majorité de bons cafards qui, ne me comprenant pas ou feignant de ne pas me comprendre, trouvaient tout simple de me défigurer; de là, soit par jalousie, soit par bêtise, est sortie une réputation excécrable composée de mille couleurs sans doute, dont aucune ne porte un caractère positif, mais qui, par leur incertitude et leur ton *fauve*, n'en sont que plus désagréables.

Puisque ces Messieurs ne m'ont pas compris, me suis-je dit, et qu'ils s'amusent à me déchirer en secret, traînons-les sur la place publique. L'opinion générale est rarement injuste. J'ai eu raison, depuis six mois les rieurs ne sont pas pour eux. Encore un peu de patience, et ces Messieurs à petites et perfides confidences ne riront pas les derniers.

Dans ma position, j'ai dû parler de moi pour mieux m'en distraire; j'ai fait mes honneurs, en bien comme en mal, avec une égale liberté: celui qui n'ose, en public, se rendre un bon témoignage à lui-même, est presque toujours un lâche qui sait et craint le mal qu'on pourrait dire de sa personne; et celui qui hésite à avouer ses torts n'a pas la force de les soutenir, ni le moyen de les racheter. Avec cette franchise pour mon propre compte, je ne dois pas me gêner sur celui d'autrui; père, mère, femme, enfans, amis, ennemis, je les peindrai tels qu'ils sont ou que je les ai vus.

Des circonstances indépendantes de ma

volonté, l'oisiveté surtout, ont développé quelques qualités de mon caractère : je suis franc avant tout, et je regarde peu aux petites égratignures qui peuvent se faire en passant. Je m'abandonne volontiers au plaisir de piquer par une critique sans méchanceté (1). J'aimerais à faire justice à force de vérités ; je me sens même capable d'énoncer les plus terribles en face des intéressés, sans m'étonner, m'émouvoir ni me fâcher, quel qu'en fût l'effet sur eux.

Chacun de nous, pauvres humains, ne peut se mouvoir que dans la sphère où le Ciel l'a placé : la mienne était étroite, il était

---

(1) Enfin c'est mon plaisir : je veux me satisfaire ;
Je ne puis bien parler, et ne saurais me taire ;
Et dès qu'un mot plaisant vient luire à mon esprit,
Je n'ai point de repos qu'il ne soit en écrit.

BOIL., Sat. VII.

difficile que j'y remuasse sans blesser involontairement quelque sot ; et les sots ,
comme les lâches , ne pardonnent jamais.

C'est au milieu d'eux que j'ai commencé
à soupçonner qu'il y avait une raison du
monde et une raison de cabinet ; une morale de principes et une morale de convention pratique , de la contradiction desquelles résultaient tant de bizarreries que
j'entrevoyais ; enfin, que la société appelait
fou celui qui n'était pas fou de la folie commune.

Les matériaux de la réflexion , en s'amassant insensiblement dans ma tête rêveuse, y
ont produit de singuliers résultats.... Je me
suis trouvé si bête avec tant de gens , que
m'apercevant de mes ressources avec les personnes spirituelles , j'ai cru long-temps que
c'était à leur habileté que j'en étais redevable.

Au milieu des affaires, je ne voyais pas
ce qu'un caractère franc et généreux pouvait avoir de nuisible. Je raisonnais en
philosophe qui calcule, et en solitaire qui
ne connaît ni les hommes ni les passions.
Je prenais les inspirations de mon âme
pour la mesure commune de la moralité
de mon espèce. J'ai commis cette faute
pendant long-temps, il m'a fallu de
grands événemens pour me désabuser : je
n'ai pas voulu terminer cet écrit sans le
dire à mes lecteurs ; c'est encore, dans un
autre genre, donner à l'avance la clef de
mon portefeuille.

J'ai passé vingt ans au milieu du tourbillon des affaires et des hommes ; j'ai vu et
observé mon époque. Il m'a fallu le train
de la révolution que j'ai vu commencer, le
mouvement des affaires, la variété de mes
situations, la fréquence des comparaisons

dans une grande foule et parmi les gens estimés par leur mérite, pour me faire apercevoir que le gradin où mon caractère m'avait placé n'était pas fort surchargé de monde. Ce n'est pas l'esprit qui manque à Paris, il court les rues; c'est la justesse du jugement et la force du caractère. Diogène avait raison de prendre une lanterne; mais une révolution, un empire et une restauration peuvent en tenir lieu; je ne connais pas de toise plus exacte.

« Et, disait le Savoyard, que si ce sot
» de roi de France eust sçeu bien conduire
» sa fortune, il estait homme pour devenir
» maistre-d'hostel de son duc. Son imagi-
» nation ne concevait austre plus eslevée
» grandeur, que celle de son maistre. Nous
» sommes insensiblement tous en cette er-
» reur : erreur de grande suite et préjudice.

» Ce grand monde, que les uns multi-

» plient encore comme espèces loubs en
» genre, c'est le mirouër où il nous faut
» regarder pour nous cognoistre de bon
» biais. Somme, je veux que ce soit le livre
» de mon escolier. Tant d'humeurs, de sec-
» tes, de jugemens d'opinions, de loix et
» de coutumes, nous appresnent à juger
» sainement des nostres, et appresnent no-
» tre jugement à recognoistre son imperfec-
» tion et sa naturelle foiblesse, qui n'est pas
» un légier apprentissage. Tant de remue-
» ment d'Estats et changement de fortune
» publique, nous instruisent à ne pas faire
» grand miracle de la nostre. Tant de noms,
» tant *de victoires et conquettes*, enseve-
» lies sous l'oubliance, rendent ridicule l'es-
» pérance d'éterniser notre nom par la prise
» de dix argoulets et d'un pouillier qui n'est
» cogneu que de sa cheute. L'orgueil et la
» fierté de tant de pompes estrangères, la

» majesté si enflée de tant de Cours et de
» grandeurs, nous fermit et asseure la veüe,
» à soutenir l'esclat des notres sans siller les
» yeux. Tant de milliasses d'hommes enter-
» rez avant nous, nous encouragent à ne
» craindre d'aller trouver si bonne compa-
» gnie en l'autre monde : ainsi du reste. »

MONTAIGNE, liv. 1, ch. 25.

Oh ! vigoureux grand-maître, que diriez
vous si vous pouviez lire la prose inodore
de nos académiciens ? vous répéteriez sans
doute, comme moi, le mot de Henri IV :
Ça ne sent que l'eau.

Un éloge ennuyeux, un froid panégyrique,
Peut pourrir à son aise au fond d'une boutique,
Ne craint point du public les jugemens divers,
Et n'a pour ennemis que la poudre et les vers.
Mais un auteur malin, qui rit et qui fait rire,
Qu'on blâme en le lisant, et pourtant qu'on veut lire,

Dans ses plaisans accès qui se croit tout permis,
De ses propres rieurs se fait des ennemis.
Un discours trop sincère aisément nous outrage,
Chacun dans ce miroir pense voir son visage;
Et tel en vous lisant admire chaque trait,
Qui dans le fond de l'âme et vous craint et vous hait.

Boil., Sat. vii..

(La suite au prochain numéro.)

CÉRÉMONIE

DE L'INHUMATION.

Ubicumque videris orationem corruptam placere,
Ubi mores quoque à recto descivisse non est dubium.

SENEC., Epist. Mor. CXIV.

Toute dégradation individuelle et nationale est sur-le-champ annoncée par une dégradation rigoureusement proportionnelle dans le langage.

« La Charte a reçu la consécration du tombeau.

» Elle écrit *Montjoie St.-Denis* sur sa bannière. »

» Il n'est pas un des spectateurs du drame qu'on vient de redire, qui n'ait éprouvé une sorte de joie à se voir en présence

21

des traditions, des coutumes, de la monarchie antique. »

(Journal des Débats du 27 octobre.)

Vous croyez peut-être, bons badauds, que
l'inhumation d'un Roi justement regretté,
devait solliciter des larmes et un pieux
recueillement : non, écoutez *Bobèche-pa-
tricien*, il va vous apprendre « que les
hommes nouveaux sont allés à St-Denis
chercher une généalogie toute faite, et
les hommes anciens une satisfaction inof-
fensive. »

Je releverais bien d'autres platitudes,
si, en les relevant, je ne craignais de blesser les personnes augustes qu'importunent
les sons discordans de cette trompette
fêlée.

Les complimens mêmes de ce noble écrivain ne sont que des impertinences. « On

» y voit le doyen de cette noblesse sortie de
» nos discordes. »

En vérité, noble, illustre Vicomte, vous
semez des tempêtes ; il y a quelque trente
millions de vilains qui n'ont pas de gé-
néalogies et dont vous ne parlez que pour
leur faire sentir leur dégradation morale...;
ils se raviseront.

Je n'en démors pas, entre deux maux
il faut éviter le pire; non, cinquante admi-
nistrations comme celles qu'exerce M. de
Villèle, seraient moins funestes pour la
France et pour la monarchie, qu'une
administration de six mois dirigée par le
noble empirique dont la prose enlumine
le journal de la rue des Prêtres.

Ce qu'on croit vrai il faut le dire, et le
dire hardiment; je voudrais découvrir une
vérité faite pour choquer tout le genre
humain : je la dirais à brûle pourpoint.

Peut-être qu'à force de chercher... *Scrutabor Jerusalem in lucernis. Soph.* 1. 12.

Vous êtes bien heureux, monsieur le Vicomte, de ne pas aimer l'or autant que les dignités et les vieilleries nobiliaires : vous auriez été un Cartouche.

Assiduæ repetunt quas perdunt belides undas.

Ovid. Met. iv.

Tibi, Tantale, nullæ
Deprehunduntur aquæ, quæque imminet effugit arbos.

Ibid.

NOTE.

Les plus fins y ont été pris. Le *servum pecus imitatores* a produit une telle illusion, que j'ai attribué à M. Châteaubriand un article de son disciple M. Salvandi. Je ne reviendrai pas sur mes pas, mes remarques n'en seraient que plus âcres. Dans la bouche ou sous la plume du Vicomte, ces rodomontades nobiliaires ne sont qué ridicules; sous la plume de son copiste, c'est quelque chose de pis.

Pour apprécier justement cette intempérance verbeuse, mes lecteurs n'ont qu'à la comparer à l'oraison funèbre prononcée par Mgr. d'Hermopolis; non que cette oraison retrace la touche dès grands maîtres, mais elle est simple, correcte, bien pensée, bien écrite; il y règne surtout un ton de modération qui me paraît être le plus bel éloge qu'on puisse adresser à son auteur.

Je lis ce matin dans le *Constitutionnel* l'analise d'une brochure de M. Dumesnil, sur *les causes et les progrès de la corruption en France.* Je ne connais ni l'auteur ni la brochure, et je n'en parle que d'après le journal. Le principe sur lequel s'appuie M. Dumesnil est incontestable en haute morale, et les conséquences qu'il en tire sont d'une évidence malheureusement trop matérielle. Le journaliste ne combat cette grande maladie qu'avec ce qu'on appelle en médecine des *lénitifs*. Selon lui tout est bien, sauf les accidens qui résultent du ministérialisme. Il faut être juste lorsqu'on aborde des questions de cette portée. J'adopte momentanément la réserve du journaliste, nous ne sommes pas assez forts pour être impartiaux sur les torts et les bienfaits de la philosophie.

Ce n'est pas en présence de l'armée papale, que le grand lama *de Mestre* appelle mensongèrement l'armée de la Providence, qu'il faut nous diviser; en présence des jésuites tous ressentimens doivent cesser. Ecoutons cependant les misanthropes, même politiques, quand ce ne serait que pour nous distraire des *Philintes* qui pervertissent l'humanité.

J'ai eu la patience de lire ce redoutable géant M. *de Mestre*, qu'adorent nos modernes illuminés;

c'est tout bonnement *Lamétrie* devenu ascétique : et c'est là le redoutable adversaire de Voltaire ! Vieux fou, si Voltaire vivait il n'aurait besoin que d'éternuer pour couper ta lourde parole. En vérité, j'en bâille encore. Du moins Fréron, et Geoffroy surtout, avaient de l'esprit. Pope a fait le portrait de M. *de Mestre* en deux mots : *half reasoning.*

Je rougis d'avoir à répondre à quelques sots malveillans, qui ont persuadé à de *bonnes gens* que je n'étais pas l'auteur de mon premier livre. Je conçois qu'on puisse faire faire certaines brochures, des discours de tribune même; mais un livre d'observations, de mœurs ! Grosses bêtes qui faites circuler de pareils bruits, adressez-vous donc à ma blanchisseuse.

Ceux qui, sans nous connaître assez, pensent mal de nous, ne nous font pas de tort; ce n'est pas nous qu'ils attaquent, c'est le fantôme de leur imagination. Le contraire des bruits qui courent des affaires ou des personnes, est souvent la vérité.

CABAC.

TABLE DES MATIÈRES.

Avant-propos.

Préface.

M. de Villèle et M. Lafitte.

M. le Vicomte de Châteaubriand.

Tableau de Mœurs.

Portraits.

Anecdotes plus ou moins drôles.

L'Espagne.

Conclusion.

Justification des Jésuites.

Au Roi.

Réflexions particulières.

Cérémonie de l'inhumation.

FIN DE LA TABLE.

AFFAIRE PARTICULIÈRE.

Dans mon livre de *Curiosité et Indiscrétion*, j'ai été forcé d'entretenir le public d'une affaire effroyable qui m'avait été suscitée par MM. Maitrejean et Degousée, mes successeurs dans l'administration de la tontine perpétuelle d'amortissement : « *J'avais emporté la caisse.* »

Une commission, nommée par les actionnaires, a vérifié les comptes de ma gestion, et ils ont été trouvés irréprochables.

La gestion de ces honnêtes gens n'a pas été trouvée tout-à-fait aussi pure : un compte imprimé constate leur malversation ; l'un d'eux a visité *la Force,* dont il n'est sorti que sous le cautionnement de M. le marquis de Saumery ; et M. le juge d'instruction, *Meslin*, instrumente en ce moment ces deux innocentes créatures.

Je vous l'avais prédit devant la Cour royale, messieurs les *drôles;* votre protecteur, M. le comte Lanjuinais, pair de France, doit être convaincu aujourd'hui que j'ai tous les documens nécessaires pour rédiger l'oraison funèbre que je prépare.

J'ai pris le parti de tout dire, et je dirai tout : une autre calomnie sortie de la même source, et qui s'est accréditée, me rend l'instrument de la ruine de M. le duc de D...

M. le duc de D.... n'a jamais souscrit à mon profit, ni au profit d'autrui, par mon entremise, une seule acceptation : je défie qui que ce soit de prouver le contraire.

Vous verrez, messieurs les *drôles*, que je finirai par avoir raison. Non, je n'aurai pas raison; j'ai tort, mille fois tort, de m'être entouré d'*oisons* que j'ai eu la sottise de transformer en espèce d'*aigles.* Ces animaux ont cru pouvoir *voler* impunément ; leur premier *vol* a été audacieux, mais ils se sont abattus dans un *bagne.* *O mihi tam longæ maneat pars ultima vitæ.*

Nota. Les actionnaires de la tontine perpétuelle vont être remboursés ; le gouvernement renonce à la survivance, et le principe de la conversion des rentes qui n'étaient que viagères, en rentes perpétuelles, est admis.

Justice sera faite. J'engage les rentiers à ne pas aliéner leurs droits et à attendre l'avertissement que j'aurai soin de leur donner. La plupart des actionnaires ont placé sous mon administration, il est de mon devoir de les tenir en garde contre la cupidité des gens d'affaires.

Nourri dans le sérail, j'en connais les détours.

FIN.

www.ingramcontent.com/pod-product-compliance
Ingram Content Group UK Ltd.
Pitfield, Milton Keynes, MK11 3LW, UK
UKHW021010140726
13695UKWH00001B/174